William Sanches

Cinco letras que mudaram o mundo

William Sanches

Cinco letras que mudaram o mundo

InteLítera Editora

Editores: Luiz Saegusa e Claudia Saegusa

Capa: Thamara Fraga.

Revisão e diagramação: Casa de Ideias

1ª Edição: 2013

Impresso no Brasil | Printed in Brazil

Dados Internacionais de Catalogação na Publicação (CIP)
(Câmara Brasileira do Livro, SP, Brasil)

Sanches, William
Cinco letras que mudaram o mundo / William Sanches. –
1. ed. – São Paulo : Intelítera Editora, 2013.

1. Amor 2. Autoconhecimento 3. Conduta de vida
4. Desenvolvimento pessoal 5. Espiritualidade
6. Fé 7. Felicidade 8. Realização pessoal I. Título.

13-01981 CDD-291.4

Índices para catálogo sistemático:
1. Espiritualidade e crescimento interior 291.4

ISBN 978-85-63808-23-3

InteLítera EDITORA
Literatura Inteligente

Rua Lucrécia Maciel, 39 - Vila Guarani
CEP 04314-130 - São Paulo - SP
11 2369-5377
www.intelitera.com.br
@intelitera facebook.com/intelitera

Santo Agostinho escreveu que dois homens olharam através das grades de uma prisão; um viu a lama, o outro as estrelas...

Que este livro, escrito com tanto carinho, possa ajudar as pessoas a saírem de suas prisões internas, a enxergarem as estrelas e a terem coragem para realizar seus sonhos.

William Sanches

Ao amigo
Gabriel Chalita,
pelo entusiasmo, pela amizade
e principalmente por sua Fé
em melhorar o ser humano.

Meu agradecimento e carinho

Ao amigo **Flávio Prado**,
jornalista e apresentador,
que, com generosidade,
levou-me para fazer parte de seu programa na
Jovem Pan.

Ao amigo **Jeter Jacomini**,
da Rede Boa Nova de Rádio,
que abriu as portas da emissora
para que eu apresentasse
semanalmente meu programa, e a toda a equipe,
que sempre me recebeu com abraços
e sorrisos de afeto.

Prefácio

Conheci o professor William Sanches numa palestra no maravilhoso Centro Espírita Perseverança. Lá os convidados costumam ser pessoas de mais idade, inteligentes e com a bagagem do tempo. Recinto lotado, e apareceu um jovem seguro de que poderia dizer algo àquelas pessoas, a princípio, desconfiadas.

Não precisou mais do que dez minutos para que o silêncio, marca desses momentos, fosse quebrado por uma fala feminina, atrás de mim. "Como esse rapaz fala coisas importantes, bonitas e que acrescentam em nossa vida." Não olhei para trás, mas pensava exatamente isso naquele momento.

Travando contato mais estreito compreendi o motivo das palavras bem colocadas e da coisa certa na hora certa, para que a pessoa saísse melhor do que chegou antes da fala de William Sanches.

Ele era estudioso, dedicado, de família que procura seguir os fundamentos do bem e da verdade, e eu tive a honra de vê-lo aceitar o convite para uma pequena palestra semanal em meu programa da Jovem Pan, *No Mundo da Bola*. E os comentários positivos eram ouvidos a todo instante.

A arte de ajudar através de palavras ou textos é dominada amplamente por William Sanches. Neste livro, *Cinco letras que mudaram o mundo*, temos linguagem simples, objetiva e que nos faz muito bem.

Eu, como você, tive curiosidade em saber que letras eram essas. Bastou começar a leitura para entender. Quem estiver com o livro só terá um problema: a dificuldade de parar a leitura. São pequenas histórias curtas, envolventes e que falam ao coração.

Não se preocupe se tiver que dar um tempinho. As mensagens são atemporais. Creio que você irá querer relê-las a todo instante. Fazem bem à alma, ao espírito e ajudam na nossa vida diária. Não será difícil compreender aquele comentário do primeiro dia em que vi William Sanches falando.

O leitor, por certo, ficará melhor após descobrir as Cinco Letras que Mudaram o Mundo.

Que o seu mundo também mude para melhor.

Flavio Prado

Jornalista, comunicador da Rádio Jovem Pan
e apresentador da TV Gazeta.

Sumário

Introdução

Tenho observado muita gente engessada na arte de amar, na arte de persistir e na capacidade de realizar seus sonhos. Desacreditadas, propagam o mundo do desânimo, da desilusão, do medo e, simplesmente, não realizam, ou sequer possuem coragem de se arriscar naquilo que mais desejam.

No decorrer da história descobrimos a eletricidade, desenvolvemos a tecnologia, a medicina, criamos o foguete, o código de barras, o telefone, tantos meios de entretenimento... O cinema virou 3D, as peças teatrais se transformaram em espetáculos musicais inesquecíveis.

Nunca o ser humano produziu tanto conhecimento, tantos saberes acumulados. São conhecimentos armazenados nas antigas enciclopédias e hoje de fácil acesso por meio da moderna internet, que conecta o mundo em apenas alguns segundos. São milhares de pessoas conectadas por redes sociais trocando ideias e ideais.

O homem fez viagens interplanetárias, criou modernos aparelhos para seu conforto, equipou-se, cercou-se, mas nunca na história a humanidade presenciou números alarmantes de pessoas desacreditadas, desanimadas, infelizes, pessimistas, distantes, isoladas; ou seja, criamos aparelhos em que podemos viajar para outros mundos, mas a viagem interior ainda temos muita dificuldade para fazer.

Centenas de pessoas fogem de seus problemas, de suas angústias, de seus anseios e escondem-se atrás de remédios, terapias, falsas festas divertidas, amizades virtuais... Acabam criando novos obstáculos e falsas soluções, fortalecem o não interior e criam um abismo dentro de si.

Conhecemos muito do mundo externo, mas pouco do que realmente somos e, dessa maneira, não conseguimos acreditar, desenvolver, persistir e perceber quão capazes somos de realizar, de avançar, de mudar.

Um olhar triste e desacreditado me fez começar a escrever este livro.

Voltava de uma palestra e parei num posto de gasolina para abastecer e resolvi também lavar o carro. Quem mora em São Paulo sabe bem como fica difícil dirigir depois de duas semanas com o carro na poluição – na verdade, o meu já estava havia três sem ver água. O rapaz que começou o serviço aparentava uns 16 ou 17 anos.

Enquanto ele lavava o carro, num dia frio, eu comecei a puxar conversa, coisa de quem não consegue ficar muito tempo sem falar, e perguntei a ele se estava estudando. A primeira frase que ouvi foi: "Não! Estudar dá muito trabalho". Na hora, pensei comigo: "Mas lavar o carro também não dá trabalho?".

Continuei perguntando e, para tentar descobrir mais alguma coisa, perguntei se ele não tinha sonhos... Para minha surpresa, disse que não. Ele continuava a lavar o carro, quase que de maneira automática, parecia fazer aquilo há muito tempo.

Perguntei se não tinha vontade de fazer uma faculdade. Como sou professor universitário, tenho diante de mim, todos os dias, centenas de jovens começando uma nova vida, buscando seus sonhos, uma carreira, reescrevendo novos caminhos. Fiquei com pena de ver aquele jovem tão novo sem sonhos, sem vontade, desacreditado...

"Mas você terminou a escola?", perguntei já com medo de parecer muito intrometido. Ele me respondeu que não, afinal, estudar dava muito trabalho...

Fui triste para casa naquele dia e pelo caminho lembrei um pouco da minha trajetória até aqui. Das dificuldades, das barreiras enfrentadas, dos meus sonhos!

Vi naquele garoto de 17 anos um talento, uma vida, uma história sem vontade de prosseguir, sem vontade de melhorar. Não sei onde ele mora nem como são as pessoas que o educaram. Possivelmente tenha passado uma vida recebendo mensagens negativas, e tenha embutido dentro dele que sonhos são bobagens, que é impossível avançar, melhorar de vida. Talvez as pessoas que convivem com ele também não acreditem que possam melhorar.

Nasci numa família muito simples e isso me permitiu conhecer as dificuldades que milhares de pessoas enfrentam. Sei que em nosso país milhares de pessoas ainda vivem na mesma situação. São pessoas que, diariamente, precisam lutar pela sobrevivência mínima, e que viram seus sonhos sendo enterrados nas dificuldades, viram seus sonhos ficando para trás.

Enfim, de tudo, uma coisa aquele menino tinha razão: estudar, mudar, melhorar dá mesmo muito trabalho, mas essas dificuldades devem ser um impulso, e não uma amarra que nos impede de sair do lugar. E não importa a idade que tenha, não importa o trabalho que desenvolva.

Durante a evolução humana, muitas invenções mudaram o mundo. E não há dúvidas de que elas partiram de um sonho. De pessoas que, inicialmente, precisaram acreditar, pessoas que se prepararam e buscaram incessantemente aquilo que elas carregavam como certeza, como ideal. É preciso acreditar sim, pois **os planos de Deus começam dentro da gente**!

Se um olhar triste me fez começar a escrever este livro, que muitos sorrisos e abraços me ajudem a escrever tantos outros. Se um olhar desacreditado me inspirou, que agora gritos de alegria e olhares de amor me permitam continuar nessa caminhada. Não sei se um dia esse menino fará a leitura deste livro, mas que esta obra singela ajude tantos outros meninos, meninas, homens e mulheres a voltarem a sonhar, a voltarem a acreditar, a terem coragem de mudar o que não esteja bom e de recomeçar sempre que for preciso, sempre que for necessário.

Se ao menos eu conseguir tocar o coração de alguém, uma pessoa que seja, já terá me valido uma vida, pois sei que esse coração conquistado me ajudará a conquistar tantos outros.

Com carinho,

William Sanches.

A arte de saber olhar

Uma árvore em flor fica despida no outono.
A beleza transforma-se em feiura, a juventude
em velhice e o erro em virtude.

Nada fica sempre igual e nada existe realmente.
Portanto, as aparências e o vazio existem
simultaneamente.

Dalai Lama

Logo no café da manhã alguém mencionou a chegada de um jovem casal à hospedaria na noite anterior. A jovem estava grávida e montada em um jumento. Ninguém deu muita importância ao assunto, afinal, aquela era só mais uma das famílias rejeitadas pelos donos da hospedaria...

Também não havia nada de especial naquele casal. Pelo menos não aos olhos preconceituosos e ignorantes de quem estava só preocupado com dinheiro ou com a preparação de seus afazeres...

> *José também subiu da Galileia, da cidade de Nazaré, para a Judeia, à cidade de Davi, chamada Belém, por ser ele da casa e família de Davi, a fim de alistar-se com Maria, sua esposa, que estava grávida.*
>
> *Lucas 2:4-7*

É preciso saber olhar. Olhar é uma arte. Educar o olhar para o que realmente está acontecendo. Somos educados para enxergar pouco, para acreditar apenas no que vemos. Para seguir sempre os mesmos caminhos. Para acreditar que não somos capazes. É preciso saber olhar. Talvez se o dono da hospedaria soubesse quem estava para nascer teria dado ao casal simples o melhor quarto, a melhor cama; os teria tratado com honra e, sem dúvida, servido a melhor comida para aqueles dois que, exaustos, também sentiam sede e fome.

Aquele casal tinha uma missão, um objetivo. Encontrou dificuldades, barreiras, empecilhos, chateações, preconceitos. Mas seguiu. Eles precisavam seguir.

Tiveram muitas portas batidas em suas faces, mas seguir era preciso.

Nasceu um menino e seus primeiros choros e sussurros foram ouvidos por uma moça simples e um carpinteiro morrendo de sono, cansado da viagem. A simplicidade dos dois talvez não os deixou perceber que ali nascia o clarão do mundo e o conquistador de corações. Eles só sabiam que algo diferente e muito importante acontecia. Ainda não entendiam tudo, o mistério, a rapidez, o medo, o desconhecido, a emoção...

> *Estando eles ali, aconteceu completarem-se-lhe os dias, e ela deu à luz o seu filho primogênito, enfaixou-o e o deitou numa manjedoura, porque não havia lugar para eles na hospedaria.*
>
> *Lucas 2:4-7*

Mesmo cansados ainda lembraram: "O nome dele será Jesus! Esse é o nome que o anjo pediu que colocássemos no menino..."

Ela dará à luz um filho e chamarás o seu nome JESUS...

Mateus 1:20-21

Os donos da hospedaria talvez nunca mais vissem aquele casal, nem mesmo imaginaram que negaram abrigo ao filho primogênito de Deus. Não tinham os olhares educados para verem além, para enxergarem além da casca, além das aparências.

A rapidez de seus afazeres, o preconceito com a simplicidade de Maria e José, a maneira superficial e rude de tratar as pessoas os impediram de receber quem mais importante veio ao mundo, quem reescreveria a história da humanidade e que eternamente seria amado por bilhões de pessoas.

Talvez se os donos da hospedaria já tivessem aprendido a olhar nos olhos, a ver além da aparência, a valorizar o semelhante com igualdade, talvez tudo teria sido diferente. Quem sabe? Quem garante os detalhes?

É preciso olhar nos olhos. Esses sim dizem muito, a alma brilha ali, na beleza da íris.

Quantas oportunidades estão sendo perdidas por pura maneira errada de olhar?

O desespero de uma mãe ao educar seu filho, o empresário endividado, aquele que perdeu um grande amor, que sofre uma enfermidade, que busca a solução de sua depressão, do desemprego, são tantas dificuldades, tantos tormentos humanos. Muitas vezes, o medo, o desespero, a pressa, o preconceito ou a falta de paciência não nos deixa olhar. É preciso olhar além da moldura.

É preciso ver além, é preciso dar o primeiro passo...

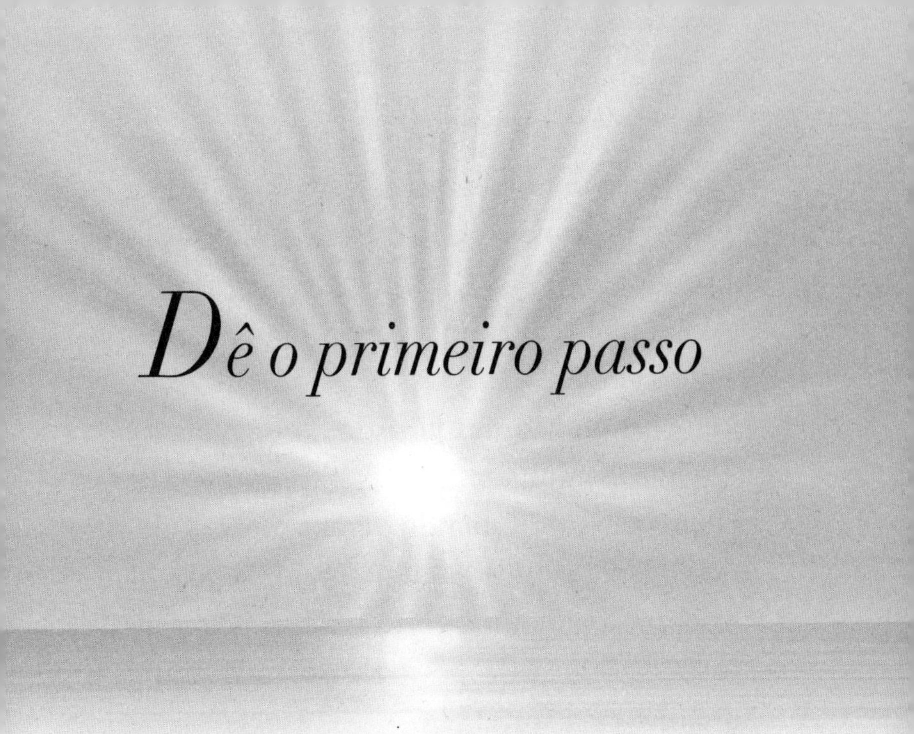

Dê o primeiro passo

O que vale na vida não é o ponto de partida e sim a caminhada. Caminhando e semeando, no fim terás o que colher.

Cora Coralina

Num chão empoeirado de carpintaria, Jesus foi sendo educado pelos seus pais. Aprendeu o ofício de José, mas sua trajetória não ficaria presa às paredes simples daquele lugar. Seu objetivo era gigante, sua missão era mudar. Não era simplesmente melhorar alguma coisa. Era mudar!

Você tem um objetivo?

Esse é o primeiro passo para a realização de um sonho.

Ainda não realizou?

Então sonhe!

Vinícius de Moraes já dizia: "Por mais longa que seja a caminhada, o mais importante é dar o primeiro passo". Quando vemos alguém de sucesso, ou realizando algum sonho, sendo bem-sucedido, temos uma forte tendência a pensar: "Nossa! Como essa pessoa é sortuda" ou "Eu não tenho essa sorte!".

Jesus poderia ter ficado reclamando da situação em que nasceu, da família simples que recebeu, das dificuldades que enfrentava sendo tão novo. Poderia ter se zangado com seu Pai Celestial. Já que era um Rei, por que então não nasceu no palácio?

Não conseguimos muitas vezes imaginar a trajetória de trabalho, de estudo, a que essa pessoa se submeteu durante anos. As pessoas não veem tudo o que é feito, planejado, arquitetado para que um sonho seja realizado. As pessoas dificilmente param para ver a construção de um prédio. Mas, quando ele fica pronto, admiram, comentam, tiram fotos, usam como ponto de referência. Quando esse prédio ainda não passa de um projeto, de um desenho no papel, quando ele ainda não passa de escavações, de buracos e um amontoado de ferros, ninguém percebe, poucas pessoas param para ver sua construção.

Há ainda aqueles que questionam se realmente será possível construí-lo. Será que não dará muito trabalho? Será que todos irão gostar?

Outra analogia, essa é ainda mais triste: poucas param para observar a construção de um prédio, mas uma massa para para ver sua implosão, sua demolição.

Como podemos aprender com esses exemplos simples – muitos não possuem tempo, nem paciência, nem vontade de ver a trabalhosa construção de um prédio, mas param para vê-lo cair. Na vida tem acontecido muito disso. Tem gente que não vê a construção do outro, mas, além de esperar por sua demolição, ainda torce, vibra e comenta: “Eu não falei que não ia dar certo?”.

Como é preciso planejar, se preparar para um sonho. Além disso, ter coragem?

Minha mente me leva novamente à carpintaria. Fico pensando em Jesus, na simplicidade em que vivia. Fico me perguntando se em algum momento ele hesitou em cumprir sua trajetória.

Afinal de contas, a vida de carpinteiro não era tão ruim. Ele até poderia se estabelecer na cidade, ser um líder daquele lugar. Ter uma família. Enfim, tantas outras possibilidades.

Sempre que escrevo ou falo sobre sonhos tento resgatar dentro das pessoas a vontade e a importância que elas possuem, mas tomo o cuidado para alertá-las de que um sonho dá trabalho. Se Jesus ficasse parado, estagnado e acomodado, jamais teria mudado o mundo como o fez. Ele conseguiu redirecionar a história do mundo com a própria vida.

Estamos vivendo na geração das coisas rápidas, instantâneas. O controle remoto já ficou lento, a rapidez da internet está entrando também na vida das pessoas que não possuem paciência para viver em etapas, etapas importantes.

Isso tudo não é de agora, veja: numa criança de até 5 ou 6 anos, essas características são normais, pois nessa idade a criança é hedonista, egocêntrica e não tem noção de valores. Ainda não sabe o que é certo e errado, e não tem noção completa de tempo.

As crianças são **hedonistas** porque vivem em busca do prazer e da satisfação imediata de seus desejos e necessidades. São **egocêntricas** porque possuem a ideia de que o mundo gira em torno delas, de que todas as pessoas e coisas existem apenas para a satisfação de seus desejos.

Citei o exemplo de crianças com 5 ou 6 anos de idade, mas tenho a certeza de que muitos adultos continuam com esses dois sintomas, com essas duas características tão tristes. São pessoas que pensam apenas em suas necessidades e sonhos, e o outro não tem importância nem vez. Às vezes, a realização de algo leva anos para acontecer, a caminhada também precisa ser prazerosa, a expectativa precisa dar aquele friozinho na barriga. Quando se perde o prazer de cada passo da caminhada, ela perde o sentido. O prazer da realização é momentâneo. Já ouviu falar que o melhor da festa está nos preparativos? É quando criamos a festa dentro de nós, muito antes de ela existir. Imaginamos cada convidado, cada prato, cada música tocada...

Prendemo-nos muito em coisas externas e estamos esquecendo-nos do que realmente importa: o que está dentro de nós.

É preciso mudar o passo e muitas vezes seguir novos caminhos. Procurar novos pontos de chegada. Se não gostar do grupo com que está convivendo, tenha coragem de mudar.

Arrisque-se, arranje outro. É você mesmo que tem de fazer isso.

Conheço pessoas que reclamam de um casamento há anos, sofrem em silêncio, anulam-se, enfeiam-se. Ficam infelizes e fazem o outro infeliz. Parecem estar contra o mundo e o mundo contra elas.

Tudo isso com medo do que pode acontecer depois, do que os "outros possam falar". Os outros não vivem em sua casa, não dormem com você, não estão dentro de você sentindo exatamente o que está sentindo agora.

A tristeza não pode ser maior do que viver e conviver com uma pessoa de quem já não se aguenta mais nem ouvir a voz. É preciso ter coragem para mudar os passos que nos levam sempre aos mesmos lugares.

Saint-Exupéry, filósofo francês, escreveu uma definição sobre o amor que achei ser uma das mais interessantes que já vi: "Talvez o amor seja o processo de eu conduzi-lo delicadamente de volta a si. Não para quem eu quero que você seja, mas para quem você é".

Acredito que o passo mais difícil está naquele que direcionamos para dentro de nós mesmos! São os passos internos. Achei essa definição de amor interessante porque o verdadeiro amor é aquele que sentimos por nós mesmos. Como posso amar o mundo externo se por dentro estou vazio, se não me conheço, se não me cuido?

Como posso exigir amor de outra pessoa se antes não me amo verdadeiramente? Lembra do olhar nos olhos? Lembra do brilho na íris? É a isso que me refiro. Quem ama, quem sonha, quem tem coragem de buscar transmite em seu olhar, em suas palavras e em seu jeito tudo o que há de melhor dentro de si. As pessoas estão cansadas de mentira, de falsidades, fantasias. Elas gostam de quem é verdadeiro, de quem não as engana em nome de um comportamento, de uma religião, de uma cultura.

Leonardo da Vinci escreveu um conto chamado *A lagarta*, que nos permite uma reflexão acerca de nossa caminhada. Tem hora que é preciso amadurecer, mudar de casa, mudar de caminho. Crescer, evoluir. Sair do lugar.

Divido com você essa reflexão:

Imóvel sobre uma folha, a lagarta olhou em torno e viu todos os insetos em contínua movimentação. Alguns cantando, outros saltando, outros ainda correndo e voando. Pobre criatura, era a única que não tinha voz e que não sabia nem correr nem voar.

Com grande esforço começou a mover-se, mas tão lentamente que quando passou de uma folha para outra sentiu-se como se tivesse dado a volta ao mundo.

No entanto não tinha inveja de ninguém. Sabia que era uma lagarta e que as lagartas precisam aprender a tecer finos fios, com grande habilidade, até construírem uma casinha para si mesmas.

E então pôs-se a trabalhar.

Dentro em breve a lagarta estava envolvida num macio casulo de seda, separada de todo o resto do mundo.

— E agora? — pensou ela.

— Agora espere — respondeu uma voz — tenha um pouco de paciência e você verá.

Quando chegou o momento a lagarta acordou, e não era mais uma lagarta. Saiu do casulo com duas lindas asas brilhantes e coloridas, e imediatamente voou bem alto no céu.

Como sempre, histórias simples, mas que educam, que proporcionam reflexão. Acho inspirador quando Leonardo da Vinci escreve "quando chegou o momento a lagarta acordou...".

É preciso que chegue o momento. É preciso ter um pouco de paciência para ver. É preciso dar o primeiro passo, sair do lugar, movimentar-se. Parar de reclamar e agir. Seja qual for sua direção, organize-se e parta em busca de seus objetivos. Tenha coragem de ser feliz e força para planejar, trabalhar e construir seu prédio. Você precisa ter coragem para sair de sua carpintaria, de seu casulo. Não se preocupe, sempre haverá pessoas torcendo pela sua queda, mas um alicerce mais forte que o aço, mais resistente que o concreto, o está ajudando, está lhe dando forças.

Acredite no milagre que é viver!

O milagre que é viver

Há duas formas para viver a sua vida.
Uma é acreditar que não existe milagre.
A outra é acreditar que todas as coisas são um milagre.

Albert Einstein

Segundo a Organização Mundial de Saúde (OMS), nos últimos 45 anos, o número de mortes por suicídio aumentou em 60%. No Brasil, de acordo com dados do Sistema de Informações sobre Mortalidade (SIM), de 2000 a 2008, ocorreram 73.261 mortes por suicídio, o que corresponde a 22 mortes por dia, revelando a região sul como a maior em número de mortes por suicídio. Comparada à de outros países, a taxa de suicídio no Brasil é baixa; porém, o número absoluto é elevado, porque nosso país é muito populoso.[1]

Em 97% dos casos, o suicídio é um marcador de sofrimento psíquico ou de transtornos psiquiátricos. Em ambas as situações são necessários profissionais de saúde treinados para detectar e tratar adequadamente o paciente durante uma passagem hospitalar, mesmo que ela se efetue por outras razões, como alguém que foi internado por acidente de trânsito, por exemplo.

Outro dado importante é que os maiores coeficientes de suicídio mudaram da faixa mais avançada da população para faixas mais jovens. Na maioria dos países, o suicídio situa-se entre as duas ou três causas mais frequentes de morte em adolescentes e adultos jovens. Para cada óbito por suicídio há no mínimo 5 ou 6 pessoas próximas ao falecido cujas vidas são

---

1 Disponível em: <http://www.abp.org.br/medicos/publicacoes/debates/PSQDebates_7_Janeiro_Fevereiro_light.pdf>.

profundamente afetadas emocional, social e economicamente.

O suicídio é um misto de sensações, de sentimentos. É a coragem de tirar a própria vida e ao mesmo tempo a covardia de fugir deste plano, de fugir dos problemas. Na verdade, penso que ninguém quer acabar com a própria vida; as pessoas que cometem isso querem terminar com a dor que estão sentindo por dentro.

Como não faço distinção nem preconceito a nenhuma religião, nesta obra estão presentes textos de autores de várias religiões, pois sempre digo que comparo Deus ao mar: não importa como as pessoas vão até Ele, simplesmente vão e contemplam-No. Alguns vão à praia de carro, outros de ônibus, de bicicleta, mas, quando chegam, sentam e contemplam o mar. Assim deve ser. Não importa como vamos até Ele, o importante é chegar e contemplar. Portanto, muitos outros autores me ajudarão a compor esta obra, que não é só minha; ela pertence a um mosaico de ideias que nos fará, juntos, refletir e melhorar.

Recebi outro dia uma música linda de uma cantora muito jovem chamada Jamily.[2] Escolhi para

---

2 Disponível em: <http://letras.terra.com.br/jamily/1127562/>.

ilustrar este capítulo uma de suas músicas mais bonitas e que me faz muito bem... Chama-se *Conquistando o impossível* e diz assim:

Acredite, é hora de vencer
Essa força vem de dentro de você
Você pode até tocar o céu, se crer...
Acredite que nenhum de nós
Já nasceu com jeito pra super-herói.
Nossos sonhos a gente é quem constrói
É vencendo os limites,
escalando as fortalezas,
conquistando o impossível pela fé.

Campeão, vencedor,
Deus dá asas, faz teu voo.
Campeão, vencedor,
essa fé que te faz imbatível,
demonstre o teu valor.

Deus nos dá asas, é preciso alçar voo. Nossos sonhos a gente constrói e realiza.

Ele espera de nós o que há de melhor. Deus não fez absolutamente ninguém para ser perdedor, sofredor. Somos a imagem e semelhança do que é bom, do que é grande! Jamily ainda completa nessa mesma música:

Acredite que nenhum de nós
Já nasceu com jeito pra super-herói.
Nossos sonhos a gente é quem constrói
É vencendo os limites
Escalando as fortalezas,
conquistando o impossível pela fé

Campeão, vencedor,
Deus dá asas, faz teu voo
Essa fé que te faz imbatível,
demonstre o teu valor.
Tantos recordes você pode quebrar
As barreiras você pode
ultrapassar e vencer!
Campeão, vencedor,
Deus dá asas, faz teu voo!

Assim Ele nos confiou a vida!

Outro dia, ao terminar uma palestra, uma senhora me perguntou por que o destino do filho dela estava em ser um suicida. A pergunta me assustou, tão repentina, rápida – sem contar a dor que aquela mãe sentia.

Refleti com ela sobre o porquê de se imaginar em destino, em questões preestabelecidas, escritas. Se pensarmos que somos no mundo hoje mais de sete bilhões de pessoas completamente diferentes, porque somos seres únicos, cada um com sua maneira única. Cada ser humano é um universo.

Então, será que Deus se daria ao trabalho de fazer cada ser único e escreveria na história dessa pessoa que ela seria uma perdedora? Uma derrotada? Será que Ele faria um filho único para sofrer? Para ser um suicida?

Escrevemos nossa história, criamos nossos caminhos, mas, claro, cada lugar com sua situação. Cada família com suas dificuldades – alguns nem possuem família, já nascem sozinhos. Outros possuem todos os bens materiais que uma pessoa pode imaginar, mesmo assim sofrem de depressão, reclamam de tudo e de todos.

Aquela mãe me olhava fixamente e pude ver em seus olhos a mágoa e a dúvida: será que ela poderia ter feito um pouco mais pelo filho? Será que, de alguma maneira, ela poderia ter impedido aquele suicídio?

Não sei. E fico feliz em não ter resposta para tudo. Isso mostra que muito tenho a aprender, a construir dentro de mim. Proporciono reflexões, não dou respostas prontas. Estamos muito acostumados com respostas prontas e, muitas vezes, queremos receitas e esquemas para tudo.

Jesus não ficou dentro da carpintaria reclamando que havia nascido numa família pobre. Ele simplesmente sabia aonde queria e precisava chegar. Ele acreditou. Não colocou culpas. Não espalhou rancor nem reclamações.

Jesus acreditou tão severamente que acalmou as tempestades com uma ordem, ressuscitou o morto com uma proclamação de fala, uma fala de alma, e não simplesmente um som que saiu da boca. A língua que chamou o morto para fora era humana, mas sua Fé, sua força e sua coragem faziam mudar o que tocava e quem o ouvia.

Suas mãos eram humanas, talvez machucadas pelo ofício de carpinteiro, talvez suaves pelo carinho e amor com que tocava as pessoas, mas ainda sim eram humanas. Seu corpo, suas lágrimas, seu suor marcavam a sua humanidade imprescindível, a humanidade de salvar humanos.

Por toda essa simplicidade, as pessoas iam procurá-Lo, e como iam. Não importava o tempo, não importava o lugar. Jesus fez do milagre que é viver se transformar em milagre para aqueles que viviam.

Desistir diante de um obstáculo, de uma fragilidade, de um trajeto interrompido é abandonar sem pena o presente que a vida oferece.

A vida é Deus.

O entusiasta tem Deus dentro de si. Ao contrário do pessimista, aquele que sempre acredita que tudo vai mal. Você pode escolher como olhar para fora.

A decisão é sua: só é preciso que reaja!

Reaja!

O universo aguarda sua reação, o seu movimento!

Mude o SEU mundo e estará mudando o mundo em que está.

William Sanches

Jesus entrou para a vida pública com aproximadamente 30 anos, e quando se entra na vida pública é preciso deixar a vida privada. Foi preciso que fizesse uma escolha, Ele não poderia ter tudo. O velho se vai para que o novo chegue.

A renovação é a lei da vida, quem se apega a coisas materiais, por exemplo, e guarda tudo o que pode e o que não pode em armários, gavetas etc., dificilmente consegue evoluir, desprender-se, dificilmente consegue deixar o novo chegar.

Em todos esses momentos de mudança e de virada, é preciso que haja uma reação, uma ação!

Jesus foi um contador de histórias fantástico. Como a grande massa com que ele falava não tinha estudo, eram pessoas muito simples, através das histórias também simples ele conseguia atingir aquelas pessoas, ou seja, fazer com que elas refletissem, melhorassem suas atitudes. Por isso, quero começar este capítulo com uma parábola,[3] pois não conheço ninguém que não goste de contar ou de ouvir uma história. Assim, também podemos refletir sobre esse assunto.

Alguém viu Nasrudin procurando alguma coisa no chão.

– O que é que você perdeu, Mullá? – perguntou-lhe

– Minha chave – respondeu o Mullá.

---

3 Hisórias de Nasrudin (1994).

Então, os dois se ajoelharam para procurá-la.

Um pouco depois, o sujeito perguntou:

— Onde foi exatamente que você perdeu essa chave?

— Na minha casa.

— Então por que você está procurando por aqui?

— Porque aqui tem mais luz.

Tenho encontrado muita gente procurando as chaves onde exista luz, mesmo sabendo que não irão encontrá-las. Pior de tudo, ainda reclamam que nada conseguem, que não saem do lugar.

Conversando com uma amiga professora, inteligentíssima, que tanto admiro, sugeri que escrevesse um livro. Dei a ideia animado, disse a ela que poderia colocar no papel de uma maneira simples e bem clara seus conhecimentos. Para minha tristeza, ela respondeu que sempre sonhou em escrever um livro, mas que não escrevia porque tinha receio do que os colegas poderiam achar de sua obra e que alguns poderiam até fazer críticas contrárias às suas ideias.

Um aluno, na universidade, confessou-me morrer de medo de terminar o curso e não dar certo. Mas como não dar certo? Existem milhares, centenas de caminhos para percorrer. As coisas podem não acontecer exatamente como planejamos, algumas linhas, alguns parágrafos são alterados pelo caminho, mas a essência, a alma humana continua, essa não morre nunca. Desistir jamais!

Muitos talentos estão escondidos porque sentem medo do que possam falar, achar pelo caminho.

Pensei por alguns instantes que esse medo também passou pela minha cabeça quando escrevi meu primeiro livro e depois quando escrevi tantos outros. Aprendi que o medo aprisiona o ser, faz com que ele não realize, não faça, não produza.

Conheço dezenas de casais que mantêm apenas por aparência seus relacionamentos, porque têm medo ou não querem magoar seus familiares e passam uma vida inteira sofrendo e fazendo outra pessoa sofrer. Outras que escondem sua condição sexual mantendo casamento por aparência, enganando não a família, mas a si mesmo. O pior de tudo: fazendo outro ser humano infeliz, porque ir contra a própria essência é estar condenado à tristeza, ao fracasso, ao desânimo, à infelicidade. Cada ser é único e capaz de construir sua história como Deus o criou: somos seres singulares, únicos, capazes de ir além, sem máscaras, nem modelos, muito menos embalados na mentira.

Jesus não precisava de salário algum, mesmo assim trabalhou. Conheceu a comunhão do céu, ouviu as harpas dos anjos e, mesmo assim, teve paciência para conversar com quem precisava dele. Sua Fé e sua Persistência fez Dele uma pessoa admirável e amada.

Hoje vejo pessoas com medo dos olhos do outro, e que esquecem de escutar o mais importante: o seu coração, de ouvir a voz interna, e, ainda pior, de agradar a si mesmo. Estão mais preocupadas em agradar o outro. Estão mais preocupadas com o que o vizinho possa dizer sobre elas, o que possa pensar sobre sua família. Quando na verdade o que realmente importa é o que existe dentro do nosso "eu", do nosso coração, aquela voz com que conversamos todos os dias quando colocamos a cabeça no travesseiro. É preciso ter a alma tranquila e a consciência leve. Nesse momento, não importa a visão do vizinho, do colega de trabalho e até mesmo de quem esteja dormindo do seu lado, pois você é ÚNICO, só você sabe o que se passa aí dentro. Da mesma maneira, somente você pode mudar.

Na Antiguidade, tivemos tantos gênios, pintores, músicos, cantores, e sinto hoje que estamos perdendo talentos, simplesmente porque as pessoas não acreditam nelas mesmas. É preciso organizar, planejar, realizar e, acima de tudo, ter coragem. **Sonhos nunca são bobagens, eles mantêm pessoas vivas.** É preciso ter uma reação, um impulso que nos movimenta para a frente.

Como dizia Mahatma Gandhi: "Não é preciso entrar para a história para fazer um mundo melhor", mas é preciso fazer! Realizar!

Jesus aproximou-se quando todos afastaram-se, escutou quando todos preferiram não ouvir. Ele suportou quando todos desistiram. Não ficou fugindo do que tinha para fazer. Ele enfrentou as situações mais difíceis. Jamais ficou procurando as chaves onde tinha mais luz. Foi aonde precisava ir.

Um homem com todas as suas limitações físicas realizou, persistiu e atingiu sua meta. O que você espera para ter coragem de reagir?

Os sonhos só esperam por coragem...

Os sonhos só esperam por coragem

Os problemas do passado podem ser o ponto de partida para uma nova vida, mais plena, cheia de amor e realizações, desde que você aprenda as lições e mude seu jeito de viver.

Roberto Shinyashiki

A população carcerária no Brasil chegou ao meio milhão de pessoas em 2010 – ou, precisamente, 498.487 presos, somando os condenados dos regimes fechado, semiaberto e parte do aberto, além dos presos provisórios que aguardam decisão definitiva.

Do total da população carcerária, 277.601 são presos condenados e 220.886 são presos provisórios, o que equivale a uma taxa de encarceramento de 260 presos para cada grupo de 100 mil habitantes. Os dados fazem parte de um relatório do Departamento de Monitoramento e Fiscalização do Sistema Carcerário e das Medidas Socioeducativas (DMF), do Conselho Nacional de Justiça (CNJ).

São tantas histórias interrompidas, tantas oportunidades perdidas, tantos talentos que se perderam pelo caminho. Cada um com sua história, com suas razões, com seus dilemas. Meu papel não é julgar, muito pelo contrário, é ajudar as pessoas a refletir. Talvez alguns pensem: "Imagine, um assassino, um ladrão, um sequestrador, um traficante – esses não pensam, não refletem". Nesse momento, lembro-me de Nelson Mandela dizendo: "Se as pessoas aprenderam o desamor, então, podem também aprender a amar".

Todos, indiscutivelmente, possuem sonhos.

Além dessas almas presas em celas de concreto e ferro, existem tantas outras presas nas celas das próprias emoções – são essas que quero tocar. Presas a mágoas, ressentimentos, pequenas e bobas brigas que acontecem o tempo todo com seres humanos. Somos seres em evolução, estamos caminhando, evoluindo e, consequentemente, aprendendo.

São pessoas que se alimentam do medo. A coragem não faz parte do dicionário, nem mesmo de suas qualidades.

A sociedade, por meio de tantas formas, quer definir o que é certo e o que é errado e, muitas vezes, acabamos comprando a ideia. Participamos do "barulho do mundo" sem perceber. E, quando nos damos conta, estamos envolvidos por uma redoma difícil de sair.

Roberto Shinyashiki, médico psiquiatra, consultor organizacional e conferencista de renome nacional e internacional, que tanto admiro, define quatro loucuras a que acabamos nos submetendo, e que quero transmitir aqui:

> *A primeira loucura: é instituir que todos têm de ter sucesso, como se eles não tivessem significados individuais.*

> *A segunda loucura: você tem de estar feliz todos os dias.*

A terceira loucura: você tem que comprar tudo o que puder. O resultado é esse consumismo absurdo.

A quarta loucura: você tem de fazer as coisas do jeito certo.

E é justamente essa a questão: o jeito certo não existe. Não existe receita quando se trata de seres humanos. Cada ser único é capaz de criar, produzir, sonhar, mas, além de tudo, de ter o direito de viver como quiser. Os holofotes não precisam estar o tempo todo virados para você.

Acho extremamente interessante as quatro loucuras descritas pelo médico psiquiatra. Instituíram que as pessoas precisam estar o tempo todo felizes, sorrindo e vibrando. Além de seres humanos, não podemos esquecer que temos alma, que possuímos sentimentos e que ninguém, absolutamente ninguém, é feliz o tempo todo.

É preciso respeitar e ser respeitado.

Quem não está bem acaba cedendo em outras coisas. Uma delas está na terceira loucura: o consumismo exagerado. Vou além – quando as pessoas sentem um vazio interno tentam compensar de outra maneira, e o que me entristece demais é conhecer pessoas que completam esse vazio com bebida, cigarro, drogas ilícitas, comida e sexo em exagero. Atropelam-se, fazem loucuras para conseguir o que querem, e o resultado disso estamos vivendo atualmente – ao longo do livro tenho citado, comentado sobre isso.

Algumas pessoas, por medo da partida, simplesmente não permitem que outros se aproximem.

Enquanto alguns estão presos no medo de suas emoções, fique livre dentro de si e viva intensamente. Seja um exemplo de liberdade. Não tenha receio de amar, de renovar, de tentar o novo e de novo.

Conheço outra fábula chamada O *pintassilgo*, escrita por Leonardo da Vinci, que, além de nos deixar lindas pinturas, também escreveu importantes e valiosas mensagens. Da Vinci conta que:

> *Ao voltar para o ninho, trazendo no bico uma minhoca, o pintassilgo não encontrou seus filhotes. Alguém os havia levado embora durante sua ausência.*

Começou a procurá-los por toda a parte, chorando e gritando. A floresta inteira ecoava seus gritos, mas ninguém respondia. Dia e noite, sem comer nem dormir, o pintassilgo procurou seus filhotes, examinando todas as árvores e olhando dentro de todos os ninhos.

Certo dia um pássaro lhe disse:

– Acho que vi seus filhotes na casa do fazendeiro.

O Pintassilgo voou, cheio de esperança, e logo chegou à casa do fazendeiro. Pousou no telhado, mas lá não havia ninguém. Voou para o pátio – ninguém.

Então, levantando a cabeça, viu uma gaiola pendurada do lado de fora de uma janela. Os filhotes estavam presos lá dentro.

Ao verem a mãe subindo pela grade da gaiola, os filhotes começaram a piar, suplicando-lhe que os libertasse. O pintassilgo tentou quebrar as grades com o bico e com as patas, mas foi em vão. Em seguida, com um grito de grande tristeza, voou novamente para a floresta.

No dia seguinte o pintassilgo voltou para junto da gaiola dentro da qual seus filhotes estavam presos. Fitou-os longamente, com o coração carregado de tristeza.

Em seguida alimentou-os um a um, através das grades, pela última vez.

Levara-lhes uma erva venenosa e os passarinhos morreram.

– Antes a morte do que perder a liberdade – disse o pintassilgo.

Triste fim para nós que estamos acostumados com histórias alegres, com finais felizes. Certamente você aguardava algo acontecer, os filhotes serem soltos, o pintassilgo voltar com ajuda, libertá-los de alguma maneira.

Estou quase certo disso. Estou quase certo de que seu subconsciente ainda esperava algo acontecer. Nosso cérebro é direcionado para isso o tempo todo. Usei essa história propositalmente.

Se você pensou numa boa saída ou se incomodou com o que fez o pintassilgo, então, por que ainda carrega dentro de você sentimentos que não são tão bons? Por que o ciúme, a inveja, o melindre, o rancor, o remorso, a culpa ainda existem em você?

Por que não tem coragem de planejar, se preparar e realizar seus sonhos?

Conseguimos administrar e coordenar a vida dos outros, mas temos dificuldade para organizar nossos próprios problemas.

Todos nós temos uma gaiola de pintassilgos dentro do peito. Tem gente matando aos poucos seus filhotinhos de pintassilgos, dando a eles ervas venenosas. Esses filhotes têm nome: um chama-se **Sonho**, o outro **Esperança**; tem um chamado **Perseverança**; há um outro quase morrendo chamado **Respeito**; um quase esquecido que implora por atenção chamado **Amor**.

São tantos pintassilgos engaiolados dentro de tantos peitos. Quando encontramos pelo caminho histórias que não são escritas como gostaríamos que fossem, nem da maneira como planejamos, a primeira coisa que pensamos é em desistir, abandonar tudo. É dizer que nada está bom, que "nada para mim dá certo".

Talvez você não perceba, mas todos os dias, com atitudes grosseiras, pensamentos negativos, inveja, ciúme, sensação de impotência, desânimo, pouco a pouco está matando todos os seus filhotinhos de pintassilgo. Está dando doses de ervas venenosas, oferecendo a eles uma morte lenta, triste e dolorosa. É preciso deixá-los livres, e não presos em mágoas, em tristezas, em desânimos. Essas são as piores gaiolas que o ser humano pode criar. As tristezas, os rancores, os melindres, a soberba, a ignorância... Essas são as piores ervas daninhas que podem existir.

Entre vários ensinamentos de Jesus, destaco esse, que nos permite pensar um pouco mais. Numa de suas passagens, quando Ele ia atravessando cidades e aldeias e nelas ensinava, alguém lhe perguntou:

> *– Senhor, são poucos os homens que se salvam?*
>
> *Ele respondeu: Procurai entrar pela porta estreita; porque, digo-vos, muitos procurarão entrar e não o conseguirão. Quando o pai de família tiver entrado e fechado a porta, e vós, de fora, começardes a bater à porta, dizendo: Senhor, Senhor, abre-nos, ele responderá: Digo-vos que não sei de onde sois.*
>
> *Direis então: Comemos e bebemos contigo e tu ensinaste em nossas praças. Ele, porém, vos dirá: Não sei de onde*

sois; apartai-vos de mim todos vós que sois malfeitores.

Ali haverá choro e ranger de dentes, quando virdes Abraão, Isaac, Jacó e todos os profetas no Reino de Deus, e vós serdes lançados para fora. Virão do oriente e do ocidente, do norte e do sul, e sentar-se-ão à mesa no Reino de Deus.

Há últimos que serão os primeiros, e há primeiros que serão os últimos.

Lucas 13:22-30

Veja a importância de desprender-se dos maus sentimentos, dos rancores, das mazelas. Jesus fala de uma porta, e de uma porta estreita. Cada porta tem exatamente o tamanho certo para cada pessoa. Não posso carregar o que não seja meu, o que não me pertence. Cada sentimento que se perpetua em mim faz nascer o que não é meu, o que pode impedir minha passagem.

Tente quebrar as grades, gritar por ajuda, procurar se conhecer. Só você pode se ajudar. Não espere pelo outro. Faça você mesmo.

Ganhamos o presente da vida e fazemos dela um fardo, um trabalho, um castigo, quando, na verdade, Deus espera o contrário. Ele confiou a você uma missão e você está livre para prosseguir, não está em nenhuma gaiola, a não ser que você mesmo tenha criado. Então, liberte-se, seja livre.

Existe uma caminhada linda a ser percorrida. Os sonhos só esperam por coragem. Só assim eles sairão de dentro, deixarão de ser sonhos para ser obras realizadas e exemplos para tantos que não acreditaram. Ajude os outros a se libertar.

Quem ajuda a realizar sonhos tem mais chance de realizar os seus, porque: "Há últimos que serão os primeiros, e há primeiros que serão os últimos" (Lucas, 13:30).

Os piores presos são aqueles do lado de fora das penitenciárias, que criam dentro de si sentenças e julgamentos e se acham incapazes de realizar. Se os sonhos só esperam por coragem, então, proclame já a sua mudança!

Proclame sua mudança

Um certo dia um homem esteve aqui
Tinha o olhar mais belo que já existiu
Tinha no cantar uma oração
E no falar a mais linda canção que já se ouviu.
Sua voz falava só de amor
Todo gesto seu era de amor
E paz Ele trazia no coração.
Ele pelos campos caminhou
Subiu as montanhas e falou do amor maior.
Fez a luz brilhar na escuridão
O sol nascer em cada coração que compreendeu
Que além da vida que se tem
Existe uma outra vida além e assim...
O renascer, morrer não é o fim...

O homem, Roberto Carlos

Uma festa de casamento está acontecendo. Jesus foi convidado não pela fama, Ele ainda não era conhecido da grande multidão, talvez porque as pessoas mais próximas gostassem Dele. Enfim, como convidado, foi ao casamento com a simplicidade de sempre.

> *Jesus e seus discípulos também haviam sido convidados para o casamento.*
>
> *João 2:2*

Durante a festa, um problema surge e Maria sofre angustiada: faltar vinho em um casamento da época era como não ter bolo nas festas atualmente. Servir vinho era uma forma de respeito e as pessoas esperavam por isso. Não servir seria um desrespeito e o caos poderia tomar conta do lugar.

> *Tendo acabado o vinho, a mãe de Jesus lhe disse: "Eles não têm mais vinho".*
>
> *João 2:3*

Ali perto havia seis potes de pedra, do tipo usado pelos judeus para as purificações cerimoniais; em cada pote cabia entre 80 e 120 litros.

Maria pediu que os serviçais fizessem tudo o que Jesus pedisse. E assim foi feito.

> *Disse Jesus aos serviçais: "Encham os potes com água". E os encheram até a borda.*
>
> *Então lhes disse: "Agora, levem um pouco do vinho ao encarregado da festa". Eles assim o fizeram e o encarregado da festa provou a água que fora transformada em vinho, sem saber de onde este viera, embora o soubessem os serviçais que haviam tirado a água. Então chamou o noivo e disse: "Todos servem primeiro o melhor vinho e, depois que os convidados já beberam bastante, o vinho inferior é servido; mas você guardou o melhor até agora".*
>
> *João 2:9-10*

Interessante observar a sequência dos fatos. O desenrolar das atitudes e como podemos refletir sobre isso e aprender.

Primeiro: surge um problema. Identifique, procure conhecer o problema.

Algumas pessoas sofrem anos e não se dão conta de que muitas vezes elas, e somente elas, podem diagnosticar e resolver seus problemas. Reclamam para toda e qualquer pessoa, e parecem não se importar em repetir a história centenas de vezes. Aliás, alguns, cada vez que contam seus problemas, acabam aumentando ainda mais.

Segundo: tenha coragem de mudar.

Tenha coragem de levar os potes cheios sem duvidar que ali dentro exista vinho. Proclame a mudança em sua vida. Tenha coragem de mudar o que verdadeiramente não está bom. O que Ele tem para sua vida é o melhor. O melhor vinho servido foi o transformado por Jesus.

Terceiro: apresente seu problema a Jesus.

Sua Fé e o Deus que vive em você podem ajudar a resolver. Os potes foram enchidos com água conforme ordenou Jesus, e foram levados. A Fé gera a ação e a ação gera o milagre.

Não tenho dúvidas de que o melhor ainda está por vir. Mudanças dão muito trabalho, requerem costumes diferentes. Muitas vezes, mudar requer um aumento de trabalho. Não é fácil. Jesus não esperava que faria um milagre na festa, simplesmente foi. Quando solicitado, estava pronto. Isso significa que temos de estar prontos. A oportunidade surge e estar pronto é sinal de que ela não fugirá. De que adianta aguardar reclamando a oportunidade que não surge se, quando ela aparece, você não pode assumir? Não pode aceitar por não estar preparado?

Não é porque Jesus não era conhecido que ele não foi solicitado. Grandes realizações partem de um problema. O obstáculo pode ser visto como fim da viagem, mas pode ser um degrau importante nela. Tenha coragem e proclame uma mudança em sua vida, naquilo que mais o incomoda, naquilo que mais o deixa triste. Busque o novo, certamente valerá a pena. Tenha plena certeza de que a Fé chama a atenção de Deus.

A fé chama a atenção de Deus

Venham a mim, todos os que estão cansados e sobrecarregados, eu lhes darei descanso.

Mateus 11:28

Um homem aleijado não podia andar. Seus membros eram curvados e seu corpo o impedia de se locomover. Sofria muito. Não importava o que ele tinha feito, se ele nasceu assim ou se ficou depois. Se ele sofreu algum acidente, se foi culpado ou vítima, não se sabe ao certo. Seus amigos só sabiam que o homem precisava de um milagre.

Correu na cidade a notícia de que Jesus estaria por perto, de que o "carpinteiro que fazia milagres" estava na cidade e atenderia os necessitados numa casa perto dali. Seus amigos fizeram o que amigos de verdade fariam àquele homem aleijado: o levaram até a casa onde Jesus estava. Era a única esperança de ver o pobre amigo, que havia sofrido uma vida inteira, ser curado. **Para os olhos de um amigo ver o outro bem é a maior realização!**

Quando chegaram, foram surpreendidos por uma grande quantidade de pessoas que já estava ali para ser atendida de alguma forma. Eram doentes com todos os tipos de enfermidades. Pessoas enfaixadas, machucadas, cegos, aleijados... Crianças observavam tudo. Sem contar as pessoas curiosas que foram até lá só para ver se Ele era real. A casa havia sido tomada de gente, e era quase impossível se aproximar de Jesus.

Ajuntaram-se, pois, muitos, a ponta de não caberem nem mesmo diante da porta; e ele lhes anunciava a palavra.

Marcos 2:2

Nisso vieram alguns a trazer-lhe um paralítico, carregado por quatro (...).
Marcos 2:3

Nesse momento, aquele pequeno grupo de amigos que levava o homem aleijado precisava fazer uma escolha: eles podiam entrar ou desistir de ajudar o amigo. Então alguém mencionou que era hora de desistir, que nada daria certo, afinal de contas, era só observar a quantidade de pessoas ali, seria impossível aproximar-se.

Para a sorte do paralítico, um amigo entusiasta fazia parte do grupo. Essa, talvez, seja uma das mais importantes qualidades do ser humano: o entusiasmo.

Entusiasmo é a força que nos faz seguir em frente, principalmente em momentos em que os demais começam a desistir. Quando todos dizem não, quando todos afirmam que nada dará certo, **é preciso olhar para dentro e enxergar que cada um carrega um Deus vivo, um Deus que não desampara e um Deus capaz de fazer milagres.**

Esse é o entusiasta.

A própria palavra **entusiasmo** origina-se do grego e significa "ter um Deus dentro de si". Como fomos feitos à imagem e semelhança de

Deus, o entusiasta é aquele que acredita em Deus e em si mesmo.

Então, era preciso decidir. O entusiasta conquistou os demais com sua fala, com seu brilho nos olhos... O entusiasmo se espalhou e, assim, eles escolheram entrar! Afinal, aquele homem precisava de ajuda e ali estava a única pessoa que poderia fazer isso.

Talvez a oportunidade não voltasse mais. Aqueles homens sabiam que oportunidades não voltam mais.

Um deles teve a ideia brilhante de entrar pelo telhado. Eles poderiam subir até o topo da casa, abrir algumas telhas e descer o paralítico até Jesus. Poderiam descer o amigo usando suas cintas ou algum tipo de corda. Um plano arriscado, uma ideia fora do comum. Eles poderiam cair, era uma atitude fora de contexto abrir o telhado de uma casa. Também poderiam derrubar o amigo aleijado.

Era a única chance. Talvez a última chance de ver Jesus.

> *(...) e não podendo aproximar-se Dele, por causa da multidão, descobriram o telhado onde estava e, fazendo uma*

abertura, baixaram o leito em que jazia o paralítico.

Marcos 2:4

Tudo era arriscado e perigoso demais. Eles poderiam despencar do telhado. Poderiam derrubar o amigo enfermo em cima de Jesus.

E Jesus, vendo-lhes a fé, disse ao paralítico: Filho, perdoados são os teus pecados.

Marcos 2:5

A Fé faz isso. A Fé chama a atenção de Deus.

Fé é uma palavra com origem no latim *fides*, que significa confiança, crença, credibilidade. É uma atitude contrária à dúvida e está intimamente ligada à confiança, ou seja, Fé é força interna, é acreditar ainda que todos digam não. A coragem e a Fé de um homem são inabaláveis. Aristóteles escreveu que: "A coragem é a primeira das qualidades humanas, porque garante todas as outras".

O ser humano é capaz de criar, produzir, sonhar, mas tem medo quando se trata de Fé, quando se trata de espiritualidade, quando se espera dele uma atitude.

Aqueles amigos precisavam ajudar o homem enfermo, precisavam levar o amigo até onde encontrariam ajuda, e assim fizeram. Como podemos aprender com isso! Como podemos refletir sobre a força que precisamos ter para mudar caminhos e paradigmas.

Os amigos queriam um novo corpo para aquele homem e Jesus deu uma nova história para todos que estavam ali... Seja você também um entusiasta, um corajoso, um fervoroso e, principalmente, seja amigo de verdade e da verdade.

Seja amigo de verdade e da verdade

Todos nós temos o bem; às vezes, ele fica
escondido, guardado, bem guardado.
Se o outro ainda não encontrou, ajude-o a
encontrar o caminho de sua própria essência.
O exemplo ajuda muito.
Sei que você pode.
Foi assim que se tornou meu amigo!

William Sanches

A palavra Amigo é composta por cinco letras, mas tem um número infinito de significados que, quando compartilhado, os sinônimos se espalham. Não há quem não tenha um ou muitos amigos.

Digo amigo, não somente colega de trabalho. Refiro-me a amigo que conheça o nome de sua mãe, sua casa, seus sonhos... Amigo é quem torce por você.

Quer descobrir um amigo? Veja se ele vibra com seu sucesso, fique atento se ele não se importa quando você é aplaudido, porque o verdadeiro amigo não é aquele que nos tira do fundo do poço, mas sim aquele que torce, que aplaude nosso sucesso!

Tirar do fundo do poço é fácil, a pessoa já está superior. O difícil é conviver com o sucesso e a alegria do próximo.

Estamos numa sociedade cada vez mais dura e automática, com uma competição boba e triste. Alguns amigos próximos dizem estar felizes pelo nosso progresso, mas por dentro estão pensando "por que ele e não eu?".

Sempre digo que as piores mágoas partem daqueles de que mais gostamos. As pessoas que convivem conosco sabem exatamente tudo de que gostamos, o que pensamos, para que vibramos. Quando querem nos magoar, vão direto à ferida aberta. Magoam profundamente. Até hoje, muitas pessoas me magoaram e creio ter magoado tantos outros. A vida segue seu percurso, seu roteiro. Não é possível agradar a todos, as visões de mundo são tão singulares, únicas, dificilmente aceitas.

Não é ruim encontrar ideias diferentes das nossas! Nesse momento, surge a reflexão. O ato de pensar em equipe, em conjunto, faz com que os resultados sejam mais favoráveis e a recompensa, de sucesso ou fracasso, dividida.

As amizades, os amores, os conhecidos, os que simplesmente passam completam a tessitura da vida, a beleza desse entrelaçado de ideias e pessoas que formam esse planeta. É como numa peça de teatro – o cenário muda, as músicas encenadas são outras, os personagens mudam, só você, o personagem principal, não sai de cena, continua encenando. Uns nos acompanham por muito tempo, outros passam rapidamente, deixam marcas, suas impressões, registram trocas de experiências, deixam lições e saudade!

Como dizia Charles Chaplin[4]:

---

4 Disponível em: <http://pensador.uol.com.br/a_vida_e_uma_peca_de_teatro/>.

A vida é uma peça de teatro que não permite ensaios. Por isso, cante, chore, dance, ria e viva intensamente, antes que a cortina se feche e a peça termine sem aplausos.

É preciso cantar, aplaudir, ser aplaudido, ouvir, aprender e ensinar – essa troca gostosa que as amizades permitem. A amizade é um amor natural, é preciso existir sem cobranças.

As cobranças acabam com qualquer relacionamento. Ninguém gosta de viver sendo cobrado, sendo colocado na parede. Principalmente numa relação de amizade, a naturalidade e a leveza mantêm pessoas afins ligadas. Quando algo é imposto, é cobrado, a naturalidade dá lugar à preocupação, ao medo, à insegurança e até à ansiedade.

É triste conhecer amizades por interesse. Pessoas que se aproximam por perceber que com a amizade podem ganhar algo. Podem conseguir um relacionamento melhor na sociedade, podem conseguir um melhor emprego, passeios interessantes, voltas de carro... Fazem de seus amigos empregados, motoristas, e quando não veem vantagem, a amizade simplesmente evapora.

Você com certeza já viveu ou conhece um caso assim.

Por outro lado, conheço pessoas que fantasiam uma imagem aos outros, simplesmente para serem aceitas como amigas. Essa necessidade é maior na adolescência, quando o jovem precisa ser aceito em algum grupo, mas percebo que algumas pessoas amadurecem e não perdem esse sentimento. Fazem de tudo para entrar num grupo, para estar sempre na moda do mundo.

É gostoso perceber que as pessoas gostam da naturalidade, e não da personagem que se criou. Muitas pessoas são amigas de personagens e tantas outras são personagens amigos.

Todo mundo conhece a famosa história de quem perde tudo e perde junto os "amigos". Também conhece o dito popular: "Aqueles que ficam depois de um fracasso é porque realmente eram amigos". Creio que passamos uma vida ouvindo isso, mas só sentimos na prática.

William Shakespeare escreveu sobre amizade:

Perguntei a um sábio
a diferença que havia
entre amor e amizade,
ele me disse essa verdade...

O Amor é mais sensível,
a Amizade mais segura.
O Amor nos dá asas,
a Amizade o chão.
No Amor há mais carinho,
na Amizade compreensão.

O Amor é plantado
e com carinho cultivado,
a Amizade vem faceira,
e com troca de alegria e tristeza,
torna-se uma grande e querida
companheira.

Mas quando o Amor é sincero
ele vem com um grande amigo,
e quando a Amizade é concreta,
ela é cheia de amor e carinho.

Quando se tem um amigo
ou uma grande paixão,
ambos sentimentos coexistem
dentro do seu coração.

Amizade é quase como um casamento, é para a tristeza e para a alegria... Aliás, algumas amizades são até mais intensas que muitos relacionamentos. São até mais intensas que relacionamento entre irmãos. Na amizade almas se encontram, criam afinidade e passam a compartilhar do mesmo carinho.

Pablo Neruda escreveu: "Dois amantes felizes não têm fim nem morte, nascem e morrem tanta vez enquanto vivem, são eternos como é a natureza".[5]

Já ouviu falar que amante é aquele que ama? Segundo o *Dicionário Houaiss*, amante é "que ou aquele que ama (...) amador, apreciador" e quem aprecia cuida, zela, torce, vibra...

Amigos se alegram com sua chegada. Amigos aguardam suas novidades. Amigos ouvem. Amigos dizem o que precisa ser dito com a leveza de não magoar, mas com a certeza de estar fazendo o bem, sem classificar, sem podar.

Jesus fazia isso o tempo todo, não agindo com preconceito, quando olhava com doçura, mas quando falava o que precisava, quando amava o próximo sem dúvidas nem certezas, não agredia, mas proporcionava com suas palavras uma reflexão.

---

5 Disponível em: <//http://pablonerudapoesia.blogspot.com.br>.

Talvez esteja na reflexão um grande segredo de Jesus. Se Ele falasse com agressividade, com grosseria, com ar de soberania, uma multidão não o acompanharia. Cristo usou a inteligência para se relacionar com os outros e a maioria o quis bem. Não a totalidade da multidão, pois esse não era seu objetivo. A função de Jesus não era agradar, era salvar, era mudar a vida das pessoas, era fazer bem, e até hoje consegue.

Mas por que utilizo o exemplo de Jesus quando falo de amizade? Tem exemplo maior do que o de um Homem que conseguiu fazer o bem e melhorar homens, mulheres, crianças e idosos? As biografias de Jesus evidenciam que Ele era uma pessoa aberta, inclusiva e reflexiva. Não classificava ninguém e tratava bem até aqueles que o odiavam.

Sua palavra era só de amor, seus gestos eram de paz, seu olhar de conforto, sua presença enchia de luz qualquer escuridão. Amigo é um pouco de tudo isso, amigo é de verdade; não podemos permitir máscaras nem maquiagens, as pessoas não querem mais viver na ficção.

Que saiam as maquiagens

Muito frequentemente, nós subestimamos o poder do carinho, de um sorriso, uma palavra amável, um ombro amigo, dar ouvidos, um elogio honesto, ou o menor ato de dedicação, pois todos têm o poder de transformar uma vida.

Leo Buscaglia

Quando se olha de longe está bonito, mas é de pertinho que se percebem as maquiagens...

Assim começo este capítulo. Resolvi escrever sobre isto porque sempre fui um apaixonado por pessoas. Adoro observar e também ser observado.

Minhas atividades profissionais me permitem estar o tempo todo com muitas pessoas, e sempre pessoas extremamente diferentes, de níveis sociais, culturais, com trejeitos únicos, com ideias maravilhosas e outras até absurdas, mas o que seria a mágica da vida se não viver e conviver com as diferenças?

São diferenças de cidades, de países, de costumes... Observo tudo como se fosse uma esponja absorvendo muitas ideias. E escrever sobre elas me fascina; o comportamento, então, é um prato cheio para meus livros.

O que me entristece muito é detectar a quantidade de pessoas que vivem de personagens. Que criam situações e falsas expectativas para mostrar aos outros como são superiores. Inventam cenas, viagens, histórias para serem o que não são. Ou melhor, são, mas são ilusões de si mesmas. Algumas mentem tanto que passam a acreditar naquilo que elas mesmas estão falando e repetem anos a fio a mesma história, mesmo que aquilo não tenha existido nunca, ou pelo menos da maneira como elas contam.

Em alguns meios, isso é mais comum. São meios em que o egocentrismo fala mais alto, grita o tempo todo. São ambientes onde o melhor precisa sobressair o tempo todo. Parece que as pessoas precisam estar felizes o tempo inteiro: conversar, estar rodeadas de pessoas, ser simpáticas.

Algumas só dizem "tudo bem?", enquanto o outro também responde "tudo bom?". Não se cumprimentam, não se abraçam, não olham nos olhos. Mas mesmo assim chamam de amigos, de "meu amigo".

As maquiagens deixam as pessoas mais bonitas, enfeitam, não vou negar. Mas, dentro de casa, estamos vivendo problemas reais, de uma sociedade que finge ser o que não é, de pessoas que não são realmente o que são. Talvez por isso esteja tão difícil confiar na palavra empenhada, na amizade verdadeira, no amor que chega. Talvez a dúvida e o medo estejam dentro de nós sem mesmo serem percebidos.

Vejo famílias que se portam perfeitas, mas quando são vistas de perto, bem de perto, a maquiagem se desmancha e os defeitos se sobressaem. Uma pesquisa recente e triste apontou que a cada 24 segundos uma mulher é espancada em um lar brasileiro. Não são 24 horas nem dias. São 24 segundos. Talvez esse número seja ainda maior. Muitos que sofrem violência não denunciam, se escondem, têm medo. Vivem com maquiagem e, nesse caso, são maquiagens obrigadas por uma situação. Cada um sabe de seus riscos, de suas dificuldades.[6]

Vejo tantos jovens que são espancados e tantos outros que espancam em nome de times, de ideais, de preconceitos. Não aceitam o outro e agridem, como se fosse possível viver isolados dos seus iguais.

Tanta gente fala sobre o "Lobo em pele de cordeiro". É interessante essa reflexão. Porque na natureza sabemos os que são lobos e os que são cordeiros. Sabemos exatamente com quem estamos lidando. Na vida humana, não! As maquiagens escondem, transformam. Não sabemos ao certo com quem estamos lidando, se são lobos ou cordeiros...

Usar a natureza para refletir é fantástico. Como ela nos ensina... Fazemos parte dela, mas nos esquecemos disso. Parece que a inteligência que nos foi dada nos deixa assim, nos sentindo melhores que os outros seres.

---

6 Disponível em: <http//www.encontro2011.abrapso.org.br/trabalho/view?ID_TRABALHO=1467>.

Leo Buscaglia escreveu uma linda história chamada *História de uma folha*[7]. Nela ele conta que a Folha havia crescido muito e que sua parte intermediária era larga e forte, as cinco pontas eram firmes e afiladas.

A Folha havia surgido na primavera como um pequeno broto em um galho grande, perto do topo de uma árvore alta. E assim Leo Buscaglia narra:

> *A Folha estava cercada por centenas de outras folhas iguais a ela. Ou, pelo menos, assim parecia. Mas não demorou muito para que descobrisse que não havia duas folhas iguais, apesar de estarem na mesma árvore. Aprenderam a dançar à brisa da primavera, a se esquentar indolentemente ao sol do verão, a se lavar na chuva fresca.*
>
> *A primavera passou. E o verão também. O verão fora excepcionalmente ameno. Os dias quentes e compridos eram agradáveis, as noites suaves eram serenas e povoadas*

7 Leo Buscaglia (1999).

por sonhos. Muitas pessoas foram ao parque naquele verão.

E sentavam sob as árvores. (...) proporcionar sombra era um dos propósitos das árvores. Tornar as coisas mais agradáveis para os outros é uma razão para existir. Proporcionar sombra aos velhinhos que procuram escapar do calor de suas casas é uma razão para existir. (...)

Mas o verão da Folha não demorou a passar. E chegou ao fim numa noite de outubro. A Folha nunca sentira tanto frio. Todas as outras folhas estremeceram com o frio. Ficaram todas cobertas por uma camada fina de branco, que num instante se derreteu e deixou-as encharcadas de orvalho, faiscando ao sol...

As folhas estavam sofrendo a primeira geada. Logo viria o inverno.

Quase que imediatamente, toda a árvore, mais do que isso, todo o parque, se transformou num esplendor de cores. Quase não restava qualquer folha verde.

Cada folha adquiriu uma cor diferente. Uma ficou com amarelo intenso, outra um laranja brilhante, vermelho ardente, dourada, azul... Um verdadeiro arco-íris de folhas...

— Por que ficamos com cores diferentes, se estamos na mesma árvore? – perguntou a Folha.

— Cada um de nós é diferente. Tivemos experiências diferentes. Recebemos o sol de maneira diferente. Projetamos a sombra de maneira diferente. Por que não teríamos cores diferentes?

E um dia aconteceu uma coisa estranha. A mesma brisa que, no passado, as fazia dançar começou a empurrar e puxar suas hastes, quase como se estivesse zangada. Isso fez com que algumas folhas fossem arrancadas de seus galhos e levadas pela brisa, reviradas pelo ar, antes de caírem suavemente ao solo. Todas as folhas ficaram assustadas.

É isso que acontece no outono. É o momento em que as folhas mudam de casa. Algumas pessoas chamam isso de morrer.

Grande ou pequeno, fraco ou forte, tudo morre.

Primeiro cumprimos a nossa missão. Experimentamos o sol e a lua, o vento e a chuva.

Aprendemos a dançar e a rir.

E depois morremos.

(...) Ela viu que algumas folhas reagiam ao vento, outras simplesmente se entregavam e caíam suavemente. Não demorou muito para que a árvore estivesse quase despida.

Voltaremos na primavera?

A Folha tinha medo. Perguntava às suas outras colegas folhas à espera de alguma resposta, de alguma explicação. Ouviu de longe alguém responder.

– Talvez não, mas a vida voltará.

E assim a história da Folha continua...

A primeira neve caiu na manhã seguinte. Era macia, branca e suave. Mas era muito fria. Quase não houve sol naquele dia... E foi um dia muito curto. A Folha se descobriu a perder a cor, a ficar cada vez mais frágil. Havia sempre frio e a neve passava sobre ela. E quando amanheceu veio o vento que arrancou a Folha de seu galho. Não doeu.

Ela sentiu que flutuava no ar, muito serena. E, enquanto caía, ela viu a árvore inteira pela primeira vez.

A Folha era forte, era firme, então teve a certeza de que a árvore viveria por muito tempo ainda... Refletindo, compreendeu que foi parte daquilo tudo. E isso a fez se sentir orgulhosa.

(...) A Folha pousou num monte de neve. Estava macio, até mesmo aconchegante. Naquela nova posição, a Folha estava mais confortável do que jamais se sentira. Ela fechou os olhos e adormeceu. Não sabia que a primavera se seguiria ao inverno, que a neve se derreteria e viraria água. Não sabia que a folha que fora, seca e aparentemente inútil, se juntaria com a água e serviria para tornar a árvore mais forte. E, principalmente, não sabia que

ali, na árvore e no solo, já havia planos para novas folhas de primavera.

Gosto demais dessas histórias simples que nos proporcionam uma reflexão. Jesus fazia isso quando falava, que era para todos entenderem. Ninguém poderia sair de perto dele sem entender a reflexão. Hoje, muitos querem demonstrar que são melhores que os outros, e usam da ferramenta da humilhação para se exaltar diante dos outros. Parece que, quanto mais o outro é rebaixado, mais se destaca e melhor se qualifica.

Jesus jamais agiu assim, muito pelo contrário, colocava-se diante das pessoas com toda simplicidade. Rubem Alves[8] escreveu: "Simplicidade é isso: Quando o coração busca uma coisa só. Concerto para Corpo e Alma".

Quer simplicidade maior do que a de um homem que sabia tudo o que passaria, que sabia que era filho de Deus e, mesmo assim, caminhava entre os leprosos, falava sem preconceito com mulheres, com crianças e com pescadores, sem distinção alguma? A vida Dele era talvez o que Rubem Alves diz sobre simplicidade "um

---

8 Disponível em: <http://pensador.uol.com.br/frase/NDkyMjQy>.

concerto para o corpo e para a alma". Estar em sintonia com o corpo e com a alma. Talvez seja esse um dos segredos. Tem tanta gente em desunião consigo mesma. O corpo diz uma coisa, o coração outra, e a alma se perde sem saber por onde seguir.

Deus confiou para cada um de nós uma missão. *A história de uma folha*, de Leo Buscaglia, simples e linda, nos proporciona uma reflexão: a reflexão da vida. Do tempo perdido, da expectativa, dos sonhos, da tarefa cumprida, da continuidade e, principalmente, do término das etapas. A Folha cumpriu sua missão, enfeitou a árvore, fez sombra a quem precisava, protegeu, revigorou o ar, agradou os olhos humanos e cumpriu sua missão em todas as etapas que a ela foram confiadas. Tanta gente se preocupa em mascarar e ser o que não é, tantas folhas querendo ser galhos, tantos galhos querendo ser árvores... Gerando uma competição de egos e de posições.

É preciso ser o mesmo sem máscaras nem maquiagens. É preciso ser o mesmo sem que ninguém esteja por perto, sem que ninguém esteja olhando.

Seja você, seja aquilo que realmente é.

O mais importante está dentro do nosso lar. Não importa como ele seja nem onde fique. Não importa o tamanho nem o número de pessoas que o habitam. O importante é que a verdade, a fraternidade e o amor estejam presentes.

A passagem é curta. São poucas primaveras, alguns outonos. Não se sabe quanto tempo temos, mas se observarmos a natureza veremos que também somos capazes de mudar o que for preciso. É natural. Para compreender a natureza é preciso compreender a nós mesmos.

Numa árvore, cada folha é importante, mas o que faz a beleza é a união de todas elas. São necessárias todas para compor a beleza do universo.

Somos uma pequenina folha, mas uma folha faz toda a diferença nessa enorme árvore em que vivemos. Por isso o compromisso, por isso a missão. Sem você a beleza não faz sentido, pois somos no mundo quase sete bilhões, e cada um criado com sua singularidade. Não se preocupe em ser folha parecida nem copiada.

Não existe, na árvore da vida, nenhuma folha igual. Por isso, Deus precisa daqueles que têm compromisso...

Tenha coragem de não subir no palco

HÁ UM TEMPO certo para cada coisa:
Tempo para nascer, tempo para morrer;
tempo para plantar, tempo para colher;
Tempo para matar e tempo para curar;
tempo para destruir, tempo para construir de novo;
Tempo para chorar, tempo para rir;
tempo para ficar triste, tempo para pular de alegria;
Tempo para espalhar pedras,
tempo para ajuntar pedras;
tempo para abraçar, tempo para não abraçar;
Tempo para procurar, tempo para perder;
tempo para guardar, tempo para jogar fora;
Tempo para rasgar, tempo para costurar;
tempo para ficar quieto, tempo para falar;
Tempo para amar, tempo para odiar;
tempo para guerra, tempo para ficar em paz.

Eclesiastes 3

É triste ver pessoas que não vivem a vida delas, mas se preocupam com a vida dos outros. Sim, porque essas pessoas não vivem, apenas existem. Não constroem histórias próprias, não sentem emoções de coragem – muito pelo contrário, aguardam os outros viverem, e algumas ainda torcem para que tudo dê errado, só para terem assunto, para saberem o que falar.

Por outro lado, vejo pessoas que disfarçam dores, que criam personagens e mostram ao mundo exatamente o que elas não são.

Todos nós, independentemente de idade ou sexo, de crença ou estado financeiro, temos dias tristes. É natural do ser humano. E isso não é ruim. Alimentar a tristeza é ruim, mas saber lidar com ela, não, porque, assim como tantas coisas, ela também é passageira.

Podemos aprender muito quando não estamos bem. Aliás, essa expressão de não estar bem também é complicada, porque em muitos momentos de tristeza podemos ficar mais quietos, mais reclusos, mais com a gente mesmo. É um momento de introspecção, de olhar para dentro e ver o que acontece.

Mascarar a tristeza em nome de um modelo, de uma conduta, não é legal, não é saudável.

Como eu já disse, a sociedade impõe um modelo para tudo, e o modelo de alegria é mais um preço a pagar.

Veja o que diz um dos mais importantes historiadores do nosso país, Jacob Gorender: “A sociedade capitalista se apresenta como a sociedade do espetáculo. Importa mais do que tudo a imagem, a aparência, a exibição. A ostentação do consumo vale mais que o próprio consumo. A aparência se opõe à existência. Parecer é mais importante que ser”.[9]

“Parecer é mais importante que ser” – muita gente embala nessa. Essas pessoas vivem da imagem, de máscaras, de fantasia, de padrões. Disparam dezenas de fotos sorrindo nas redes sociais, frequentam festas, mostram o que não estão sentindo por dentro, vivem uma vida de personagem. Muitos vivem assim, com medo de olhar para dentro, com medo de se conhecer.

Precisamos aprender a não subir no palco quando não é necessário, quando é tempo de ficar nos bastidores. A escritora Martha Medeiros escreveu a seguinte citação: “Assim como

---

9 Disponível em: <http://visaoemparalaxe.blogspot.com.br/2012/02/consumo.html>.

protegemos nossa felicidade, temos também que proteger nossa infelicidade. Não há nada mais desgastante do que uma alegria forçada. Se você está infeliz, recolha-se, não suba ao palco. Disfarçar a dor é dor ainda maior".[10]

Inteligente ela dizer que "a dor disfarçada é ainda maior". E é mesmo! Não existe nada pior do que estar no lugar onde não gostaria de estar simplesmente para agradar o outro.

E o que agrada você? Jesus se recolheu em muitos momentos de sua caminhada:

> *E quando Ele despediu as multidões, Ele subiu a montanha sozinho* **a fim de orar.** *Agora quando a tardinha veio, ele estava lá só.*
>
> *Mateus 14:23*

Quantas vezes você tem coragem de se retirar de cena para ficar consigo mesmo? Em quantos momentos você teve coragem de amadurecer com as dificuldades que se impõem diante de si? Quantas vezes você teve coragem

---

10 Disponível em: <http://pensador.uol.com.br/frase/mjA2NzU4>.

de dizer não a modelos de conduta, a padrões estabelecidos?

Se cada ser é único, impossível existir um modelo de felicidade preestabelecido. Jesus precisou se retirar em muitos momentos para pensar, para ficar com Ele mesmo. Teve coragem, precisou abdicar de muitas coisas que ainda restavam a Ele, mas era preciso.

> *Mas Ele retirou-se para o deserto para orar.*
>
> *Lucas 5:16*

E isso não aconteceu apenas uma vez. Era preciso passar por essa transformação muitas vezes.

> *A sua fama, porém, se divulgava cada vez mais, e grandes multidões se ajuntavam para ouvi-lo e serem curadas das suas enfermidades.* **Mas ele se retirava** *para os desertos,* **e ali orava.**
>
> *Lucas 5:15-16*

Será que você não está precisando parar um pouco? Retirar-se de cena, das cenas forçadas e fantasiosas? Cenas que existem apenas para agradar os outros?

E você? Seu coração, sua alma, o que pedem?

A alegria, muitas vezes, não está na melhor festa, no melhor bar, nas principais baladas, talvez ela nem esteja no grupo mais sorridente nem nos corredores de um shopping. Muitas vezes ela está dentro de você esperando por um tempo. Um tempo de amadurecimento.

Jesus se recolhia e orava. Se Jesus necessitava recolher-se e orar, imagine nós!

Talvez aqui esteja o segredo: recolher e orar! Se conseguirmos ter coragem de não seguir modelos estabelecidos, aprender a ficar com nós mesmos e orar, ninguém nos segurará mais. Porque teremos encontrado o segredo para estar conosco sem precisar de ninguém para suprir nossa felicidade ou para dizer o que fazer, e estaremos conectados à espiritualidade. E não há coisa mais divina que conseguir ligar corpo e alma, mente e espírito, em um único objetivo: evoluir e melhorar, sempre!

Deus não tem compromisso com quem desiste

A Deus tudo é possível.

Mateus 19:26

Certa vez, ministrei uma palestra para senhoras que haviam perdido seus filhos - e confesso que foi uma das palestras mais difíceis de proferir, pois eu pensava o tempo todo em cada palavra, em cada expressão. O que falar a pessoas com feridas tão profundas? Tudo que fosse dito teria um significado muito maior, os olhos enxergavam com lentes de microscópio, pois a dor nos faz ver tudo maior do que realmente é.

Fiz uma oração e pedi para que eu falasse exatamente o que aquelas pessoas precisavam ouvir. Faço sempre isso, em qualquer palestra, e não importa o número de pessoas, pois todas as que estão ali são importantes e foram para ouvir algo que as ajudasse de alguma maneira. Mas esse dia foi ainda mais especial.

Ao terminar, muitas mães choraram compulsivamente, mas uma delas permanecia sem derramar uma lágrima sequer. Confesso que por alguns instantes pensei: "Nossa! Que mãe durona, nem chora a morte do filho".

Logo depois ela levantou, dirigiu-se para a plateia e disse: "Desde que meu filho se foi pensei que morreria junto, mas foram tantas as solicitações de amigos, de parentes que precisavam de mim. Foram tantas crianças em creches precisando de um pouco de atenção, são tantas senhoras deixadas no leito de hospital precisando apenas de alguém que penteie seus cabelos, foram tantos mendigos largados e abandonados nas calçadas que não havia tempo para chorar. Foi preciso continuar a caminhada. Ainda há muito para fazer. Meu filho cumpriu sua missão e eu continuo cumprindo a minha, eu preciso continuar a minha".

Aquilo foi uma lição a todos os que ouviam atentos os dizeres daquela mulher corajosa. Corajosa? Sim.

Coragem é quando tudo diz não, mas o coração ainda insiste, ele sabe que tudo dará certo.

Como uma mãe sentindo a dor da perda de um filho pode encontrar força para dedicar-se ao outro, como aquela mulher franzina por fora mantinha um furacão dentro de si? O amor de Deus e nosso amor por Ele pode mover, criar, renascer...

É importante perceber que é preciso avançar, continuar a caminhada. As pessoas não percebem que uma crise é um aviso, um sinal de que alguma coisa mudou, muitas vezes, definitivamente.

Quando isso acontece, as pessoas ficam se perguntando quando tudo passará. Quando a tempestade passa, nada mais está do mesmo jeito, mas as pessoas ficam na esperança de que a situação voltará a ficar como era antes da crise surgir.

As coisas nunca voltam ao que eram antes de uma crise, pois esta cria uma nova realidade, um novo panorama, um novo cenário. Cada um de nós tem de evoluir para atuar nessa nova condição. Não se pode viver no medo, na ansiedade, na angústia. Tantas pessoas deixam de desfrutar momentos importantes de sua vida por medo.

Como educador vi muitos pais deixarem seus filhos na escola no primeiro dia de aula. Aqueles pais estavam tão preocupados com o futuro dos filhos, se tudo daria certo, se não tinham esquecido de nada, que simplesmente esqueciam-se de comemorar um momento tão lindo e importante na vida da família. O primeiro dia de aula jamais voltará. É único.

As pessoas que não aproveitam suas festas, preocupadas com convidados que não chegaram, se tudo vai dar certo, se a comida está agradando, e simplesmente a festa passa, as pessoas vão embora e elas mesmas não curtiram o momento delas.

Os momentos são únicos, jamais voltam. As pessoas passam também. É preciso viver o agora. Quando a tempestade, a crise, os problemas ou um abalo familiar mais forte acontecem, somos acometidos pelo arrependimento. E justamente o arrependimento pelo que não fizemos.

Nesse momento, muita gente diz: "Deus me abandonou". Essas pessoas não lembram as milhares de maravilhas e de milagres que Deus já proporcionou em sua vida, e insistem em questionar-se, em agredir, em duvidar.

É como a pessoa que usa mais de um ano um carro, mas não faz manutenção, não cuida, não zela pelo bem. Quando ele para de funcionar a primeira frase é: "Tinha que me deixar na mão justo agora?", como se na vida pudéssemos escolher, planejar essas situações. Por isso escrevi que "Deus não tem compromisso com quem desiste", porque diariamente Ele nos dá a vida de presente. Talvez este capítulo incomode algumas pessoas, mas é isso que eu pretendo.

Uma boa aula, uma boa palestra, um bom livro, um ótimo filme são aqueles que proporcionam um movimento: nos proporcionam uma reflexão sobre o que somos e o que fazemos. Jesus fazia isso incansavelmente com as pessoas. Tudo o que Ele falava mexia com elas de uma maneira absurda, e elas passavam a viver de uma nova forma, de uma nova maneira. Renovavam-se por dentro e passavam a existir de outro jeito.

Será que, exatamente neste momento, o que está acontecendo não é Jesus mostrando que deve viver de outro jeito?

Chico Xavier escreveu uma frase interessante: "Nem Jesus Cristo, quando veio à Terra, se propôs a resolver o problema particular de alguém.

Ele se limitou a nos ensinar o caminho, que necessitamos palmilhar por nós mesmos".[11]

Viver é mais do que um presente, é um privilégio. Quando surge alguma adversidade, é tempo de acreditar ainda mais, de resgatar a fé esquecida e jamais desistir.

Por exemplo, você sabe por que o mar é tão grande? Tão imenso? Tão poderoso como o conhecemos? Paulo Roberto Gaefke, no livro *Quando é preciso viver*,[12] escreve exatamente sobre isso:

A grandeza do mar

Você sabe por que o mar é tão grande?

Tão imenso? Tão poderoso?

É porque teve a humildade de colocar-se alguns centímetros abaixo de todos os rios.

Sabendo receber, tornou-se grande.

Se quisesse ser o primeiro, centímetros acima de todos os rios,

---

11 Disponível em: <http://pensador.uol.com.br/frase/NTY5MzQ4>.

12 Disponível em: <http://pensador.uol.com.br/frase/NTI3Njcz>.

não seria mar, mas sim uma ilha.

Toda sua água iria para os outros e estaria isolado.

A perda faz parte.

A queda faz parte.

A morte faz parte.

É impossível vivermos satisfatoriamente.

Precisamos aprender a perder, a cair, a errar e a morrer.

Impossível ganhar sem saber perder.

Impossível andar sem saber cair.

Impossível acertar sem saber errar.

Impossível viver sem saber viver.

Se aprenderes a perder, a cair, a errar, ninguém mais o controlará.

Porque o máximo que poderá acontecer a você é cair, errar e perder.

E isto você já sabe.

Bem-aventurado aquele que já consegue receber com a mesma naturalidade

o ganho e a perda, o acerto e o erro, o triunfo e a queda, a vida e a morte.

Quando abandonamos algo por algum motivo, Deus se entristece, pois Ele tem um compromisso com cada um de nós. O desistir é o fim. É o término de uma caminhada que, muitas vezes, ainda está no começo ou que nem começou. Perder e ganhar estão sempre juntos, um não existe sem o outro. Quando um perde, o outro ganha. Quando você ganha o novo, o velho já perdeu espaço. Quando algo chega outro se vai. Esse é o saber perder, saber cair, saber viver.

James Van Praagh[13], no livro *Em busca da espiritualidade*, afirma: "Quando nascemos, tudo de que precisamos para cumprir o plano está registrado no corpo etéreo. Em outras palavras, todas as respostas para nossos problemas estão dentro de nós".

Não temos indiscutivelmente o direito de desistir, fugir das dificuldades.

Elas amadurecem, nos permitem evoluir. Não desista por mais cruel ou trágica que seja sua dificuldade, sua dor. Continue, porque para Deus tudo é possível!

---

13 James Van Praagh (1999).

Jogue a rede!

Cristo não quer dizer coisa nova a todo custo, mas coisa velhíssima como o homem, não coisa original, mas coisa que vale para todos, não coisas surpreendentes, mais coisas que alguém compreende por si mesmo, quando tem os olhos claros e um pouco de bom senso.

Leonardo Boff

Sei que diariamente situações de desespero, de dificuldades, de tristeza e sensações de perda acometem milhares de pessoas. Algumas que encontramos pela frente sorriem, mas por dentro estão gritando silenciosamente. Pedem por socorro escondido, mas não têm a coragem de dizer que estão sofrendo. Sofrem de amor, de desilusão, pela perda de um bem, de um parente muito querido. As dores são muitas e são também várias!

As igrejas, os centros espíritas, os templos, enfim, estão abarrotados de pessoas que diariamente buscam um alento para suas dores. Dificilmente aqueles que estão bem, principalmente financeiramente, buscam Deus fora de casa. Buscam quando as coisas apertam, quando uma situação difícil aparece ou quando um caso de doença acomete a família. Analisando a quantidade de livros de autoajuda vendidos, as quantidades de antidepressivos fabricados, podemos ter uma leve dimensão de como estamos nessa caminhada.

Pessoas buscam a solução de seus problemas e não percebem que elas são a solução.

Sempre digo que sonhos nunca são bobagem, porque sonhos mantêm as pessoas vivas. Milhares de pessoas deixaram de acreditar em seus sonhos, continuam a caminhada vazias de esperança, não persistem, não perseveram. Olham para trás, não seguem adiante.

São pessoas que na caminhada param numa curva, desistem e não percebem que faltava pouco, muito pouco, para a caminhada continuar e logo na frente estar livre desse problema, dessa dificuldade. Uma estrada reta e limpa as aguardava, mas era preciso continuar caminhando.

Jesus caminhava pela praia quando viu pescadores voltando sem sucesso de uma noite toda de pescaria...

> *Estavam juntos Simão Pedro, Tomé, chamado Dídimo, Natanael, que era de Caná da Galileia, os filhos de Zebedeu, e outros dois dos seus discípulos. Disse--lhes Simão Pedro: Vou pescar. Responderam-lhe: Nós também vamos contigo. Saíram e entraram no barco; e naquela noite nada apanharam.*
>
> *João 21*

Eram homens cansados, desanimados e, no fundo, até se sentindo impotentes, frustrados. Afinal, eram profissionais no que faziam, sabiam pescar, sabiam todas as técnicas, mas voltavam de uma longa noite de insucesso:

Mas ao romper da manhã, Jesus se apresentou na praia; todavia os discípulos não sabiam que era ele.

João 21

Então, Jesus pede para que Pedro e os outros voltem a jogar as redes. Pedro ainda insiste em dizer que nada pescaram a noite toda, mesmo sendo pescadores profissionais, e que Jesus não entendia nada de pescaria, afinal de contas, era apenas um carpinteiro. Como um homem que não era pescador poderia ensinar essa tarefa a eles?

Disse-lhes, pois, Jesus: Filhos, não tendes nada que comer?

Responderam-lhe: Não.

Disse-lhes ele: Lançai a rede à direita do barco, e achareis.

João 21

Vendo a insistência de Jesus, Pedro volta e joga mais uma vez a rede.

Para a surpresa de todos, pescam tantos peixes que o barco quase afunda e suas redes quase são rompidas pelo peso. Precisaram chamar outros pescadores, com outros barcos, para ajudar.

Lançaram-na, pois, e já não a podiam puxar por causa da grande quantidade de peixes.

João 21

Quantas vezes jogamos a rede e nada pescamos?

Quantas vezes insistimos num sonho que nunca chega?

Acreditamos num emprego novo? Num grande amor?

Quantas vezes voltamos para casa ao final de um dia puxado e sentimos que a rede está vazia?

Os dizeres de Jesus serão sempre atuais: "Jogue a rede mais uma vez".

É preciso acreditar na vida, em si mesmo e, principalmente, no outro. Jesus, diferentemente dos pescadores, acreditou, colocou diante de si a fé inabalável em seu Pai e lançou toda a certeza. Os pescadores, por sua vez, acreditaram na palavra Dele.

Ele continua nos dizendo: "Jogue a rede mais uma vez e, acima de tudo, confie em mim".

Jesus não desistiu facilmente em nenhuma de suas tarefas e obrigações, o que não significa que Ele não tenha sentido dor, desânimo e cansaço.

Ele era humano e tudo o que você sente possivelmente Jesus também sentiu. Ele também se sentiu sozinho, angustiado, preocupado... Sinal de que podemos errar, podemos fracassar, mas precisamos persistir, acreditar e perseverar.

Sonhe tão grande e profundamente que o universo terá a certeza de que deve realizar seu sonho!

A revolução que Jesus proporcionou àqueles homens foi tão grande que Pedro transformou-se em um pescador de homens: "Vinde após mim, e eu vos farei pescadores de homens" (Mateus 4:19).

Não pare nunca de semear

Você tem o poder de amar, de realizar e ser feliz! Não espere que alguém faça isso por você, não espere a pessoa certa para amar, o momento certo de realizar, seja feliz já!

William Sanches

Uma vez ouvi a seguinte história:

O sujeito rezou e pediu para o Senhor para baixar a sua pressão arterial. Deus então falou para ele:

— Meu filho, eu escutei as suas preces e resolvi ajudá-lo. Retire o sal da sua alimentação e sua pressão vai baixar...

O sujeito olhou para Deus meio desapontado e respondeu:

— Mas, Senhor, confesso que eu fiquei meio desapontado, eu esperava um pouco mais de Deus todo-poderoso...

O Senhor então falou:

— Você não quer minha ajuda, você quer que eu faça as coisas por você! Assim a sua vida não vai funcionar!

Assim agem milhares de pessoas. Deus em sua infinita sabedoria nos proporcionou tantas saídas, tantas oportunidades, tantas possibilidades. Não adianta rezar, orar, fazer prece e simplesmente não fazer sua parte. Deus espera uma atitude vinda de você.

Jesus contou muitas parábolas e histórias sobre os acontecimentos do dia a dia, que ele usava para ilustrar verdades espirituais. Ele foi, e é, um dos maiores exemplos de sabedoria, pois, conhecendo muito bem seu público, sabia que se ensinasse com palavras difíceis, reflexões complicadas, a população que o acompanhava não conseguiria entender, compreender corretamente o que Ele ensinava. Então, por meio das parábolas, fazia com que aqueles que o seguiam e ouviam entendessem e refletissem a partir de conhecimentos já estabelecidos. Ele sempre usava como exemplos coisas que aquelas pessoas conheciam, como crianças, plantações, animais etc. E foi assim com a *Parábola do semeador*. Essa história fala de um fazendeiro que lançou sementes em vários lugares com diferentes resultados, dependendo do tipo de solo. Uma história completamente simples, mas que nos deixa lições intermináveis; a cada leitura uma nova lição, uma nova reflexão.

Jesus começou a explicar, mas aglomerou tanta gente que Ele teve que entrar numa barca, no mar, e toda a multidão ficou em terra, na praia, ouvindo em silêncio absoluto, pois ninguém queria perder uma só palavra do Mestre:

> *Eis que o semeador saiu a semear. E, ao semear, uma parte caiu à beira do caminho, foi pisada, e as aves do céu a comeram. Outra caiu sobre a pedra, e, tendo crescido, secou por falta de umidade. Outra caiu no meio dos espinhos, e, estes, ao crescerem com ela, a sufocaram.*

Outra, afinal, caiu em boa terra, cresceu e produziu a cento por um.
Mateus 13:1-23, Marcos 4:1-20 e Lucas 8:4-15

Como na maioria das palavras de Jesus, a simplicidade se faz presente e nos deixa um ensinamento brilhante. Gosto de chamar esse ensinamento de três S.

O primeiro S: a Semente

A semente é a palavra de Deus. Mas, sendo ainda mais simples, é a pregação do princípio fundamental ensinado por Jesus: o Amor.

O amor gera, liberta, cria, restaura, constrói, muda tudo à nossa volta. De nada adianta viver numa casa confortável, moderna, se dentro dela as pessoas se odeiam, carregam mágoas profundas, não conversam, não se olham.

De que adianta praticarmos a caridade, ajudarmos, pregarmos se fizermos sem amor ao próximo, sem compreensão, sem a boa intenção? Fora da caridade não há salvação, e a caridade é uma forma de amor, então, fora do amor não há como se salvar.

A semente também pode ser considerada nossas ações e palavras no dia a dia – o que estamos plantando? Sua plantação é de discórdia? Egoísmo? Orgulho? Inveja? Ciúme? Fofoca? Pirraça? Melindre?

As pessoas se esquecem de que cada semente ruim, como essas que acabei de citar, só germina seu próprio fruto. Não posso plantar uma semente de morango e esperar colher manga.

Nenhuma colheita existe sem antes haver um plantio. Tanta gente planta a inveja de algum amigo, de alguém que conquistou o sucesso, ou algum bem, mas não vê a hora em que o outro acordou, quanto tempo ele passou estudando, trabalhando, quantos finais de semana ele perdeu para entregar e cumprir com compromissos. Quando veem a colheita, muitos invejam e até dizem: "Pessoa de sorte!" ou "Pra mim nada dá certo!".

Para você que pensa assim ou já teve esse pensamento, digo: o Sol brilha sobre todas as plantações. As ferramentas estão à disposição, as sementes já nos foram dadas. Plante! Não tenha preguiça.

Pergunte a um agricultor a que horas ele acorda. Quanto tempo ele espera para colher? Como ele cuida de sua plantação, tirando ervas daninhas, regando... O momento da colheita chega, mas é preciso plantar!

O segundo S: o Semeador

Acho inteligentíssimo, mais uma vez, quando Jesus apresenta essa parábola. Em nenhum momento o semeador é chamado pelo nome. Nada é dito sobre sua aparência, sua capacidade, sua personalidade ou suas realizações. Nada é explicado, se ele é rico ou pobre, gordo ou magro, alto ou baixo. Simplesmente ele sai a semear. Põe a semente em contato com o solo.

Esse é o trabalho do semeador: colocar a semente no solo. Uma vez que a semente for deixada no celeiro, guardada em sacos, deixada em prateleiras, NUNCA produzirá uma safra. Aqui está o segredo: a importância do seu trabalho. A colheita depende da combinação do solo com a semente, ou seja, não há requisitos para ser um semeador, todos temos o livre-arbítrio para semearmos o que quisermos, mas, mesmo tudo sendo possível, nem tudo nos convêm fazer. O bom senso e a sabedoria precisam estar diante do semeador. É ele quem coloca a semente em contato com o solo. Sinal de que precisamos sair de casa, realizar, fazer, cuidar da terra, abrir uma vala, carregar os sacos de sementes, espalhar, plantar e, se nessa caminhada você se sentir cansado, se sentir triste, saiba que Deus estará contigo, pois Ele não fez ninguém para ser um perdedor, para ficar abandonado. Somos a imagem e semelhança do que é verdadeiramente bom. Dessa forma, tenha a certeza de que você é o melhor semeador, pois Deus confiou essa tarefa a você.

O terceiro S: o Solo

É importante perceber que, no momento em que o semeador espalha suas sementes, ele encontra diante de si diversos tipos de solo. As mesmas sementes encontram solos diferentes pela frente. Dessa maneira, os resultados serão diferentes.

Nós somos como solos. Algumas pessoas são solos de beira de estrada, duros, impermeáveis. Por mais que se plante, por mais que se molhe, nada nasce, nada floresce, nada dá fruto. É preciso se permitir, é preciso acreditar em si. Pessoas assim não têm uma mente aberta e receptiva, são as famosas "cabeças de paralelepípedo": aquelas que nunca mudam, que não se permitem mudar. Já nasceram assim e assim permanecerão. Mas isso é um grande engano; estamos aqui para aprender, evoluir. Hoje você já não é mais o mesmo que foi ontem, e assim por diante.

Procure reparar numa foto sua de 10, 20 anos atrás. Você não é mais o mesmo. Na foto, não é mais você, é apenas sua imagem daquela época. A alma evolui e essa é a mais importante.

Precisamos ser vasos com boa terra. Precisamos ser um solo de qualidade, que recebe a semente do semeador e cuida. Cuida tão profundamente que faz dessa semente árvores gigantes, com raízes enormes e sustentáveis. Uma árvore só consegue crescer porque por baixo da terra raízes a sustentam. Vemos as folhas, as flores, os frutos, mas as raízes estão ali, escondidas, quietinhas, dando sustentação. A raiz chama-se FÉ. Quando sua fé for tão forte e profunda como uma raiz, nada o derrubará, nem o vento nem um tufão o arrancará do lugar, nem uma enxurrada o levará, nem o sol mais forte o fará murchar. A raiz da fé o sustentará sempre, sua determinação precisa ser persistente!

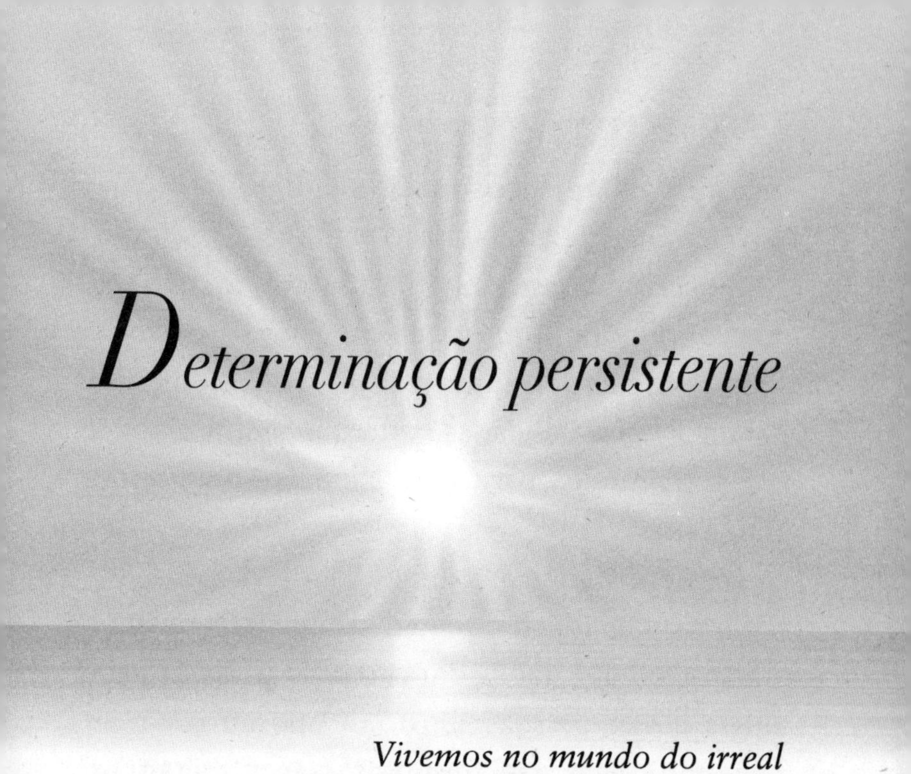

Determinação persistente

Vivemos no mundo do irreal
onde tudo o que vemos é somente
uma sombra imperfeita de uma
realidade mais perfeita.

Platão

Perseverança vem do latim *perseverantia* e significa determinação persistente. Isso nos revela quão necessário é focar objetivos e caminhos para o alcance das metas na conquista das realizações. Determinação persistente não significa tentar e desistir, não significa dizer "Ah, isso para mim não dará certo...".

Existe um ditado antigo e que todo mundo conhece: "O pior cego é aquele que não quer ver". Temos tantas ferramentas ao nosso redor, são tantas as possibilidades e, mesmo assim, muitas vezes migramos para a reclamação, na dor do não tentar.

Existem alguns que até estão a serviço do desânimo, são aqueles que vibram negativamente: "Não falei que não ia dar certo?" – é a frase predileta dessas pessoas. Gosto de apostar nas pessoas entusiasmadas, corajosas, que enfrentam as dificuldades e através delas conseguem avançar. Burlam o "não" ouvido durante uma vida inteira e provam quão capazes são.

Uma das passagens de Jesus, também muito conhecida, permite-nos uma nova reflexão. Agora pela coragem e persistência de um cego sentado à beira do caminho. Não era qualquer caminho, era onde Jesus estava prestes a passar...

> *Aconteceu que, ao aproximar-se de Jericó, estava um cego assentado à beira do caminho, pedindo esmolas. E, ouvindo*

o tropel da multidão que passava, perguntou o que era aquilo.

Anunciaram-lhe que passava Jesus, o Nazareno.

Então, ele clamou: Jesus, Filho de Davi, tem compaixão de mim!

E os que iam na frente o repreendiam para que se calasse; ele, porém, cada vez gritava mais: Filho de Davi, tem misericórdia de mim!

Então, parou Jesus e mandou que lho trouxessem.

E, tendo ele chegado, perguntou-lhe: Que queres que eu te faça?

Respondeu ele: Senhor, que eu torne a ver.

Então, Jesus lhe disse: Recupera a tua vista; a tua fé te salvou. Imediatamente, tornou a ver e seguia-o glorificando a Deus. Também todo o povo, vendo isto, dava louvores a Deus.

Lucas 18:35-43

Anteriormente falei sobre os que estão a serviço do desânimo. Esses estão em todos os lugares e em todas as épocas. Na passagem do evangelho, o cego é persistente, e como podemos aprender com tudo isso. Quanto mais as pessoas pediam para ele parar, mais ele gritava, mais ele clamava pela ajuda de Jesus. Imagine, para aquele homem sentado à beira do caminho, cego, sem rumo, sem condições de prosseguir, a única saída seria um milagre, e ele conseguiu: simples observar a ligação do Entusiasmo, da Perseverança, da Fé e, então, o Milagre.

Não existe milagre sem o entusiasmo, sem a perseverança, sem a fé.

Alguns estão agindo ao contrário, aguardam o milagre e reclamam porque ele não veio. Sequer buscam Jesus. Ele não está mais pelas ruas de Jerusalém, mas está mais perto, bem perto. Como Ele mesmo disse:

> *Vinde a mim todos os que estais cansados e sobrecarregados, e eu vos aliviarei. Tomai sobre vós o meu jugo, e aprendei de mim, porque sou manso e humilde de coração; e achareis descanso para as vossas almas. Porque o meu jugo é suave e o meu fardo é leve.*
>
> *Mateus 11:28-30*

Assim eu creio e assim sigo com determinação persistente. Deus não se agrada daqueles que desistem, daqueles que se calam diante de um sonho, daqueles que vibram negativamente pela realização do outro. Já pensou se Jesus tivesse desistido diante da primeira dificuldade, ou diante da primeira pessoa que o desafiou ou duvidou de sua capacidade?

Que muitos voltem a enxergar. Não apenas com os olhos, mas com a alma. Que enxerguem o verdadeiro significado desta vida, que melhores possam ser e a fazer tantos outros felizes!

O descer e o subir

Mude. Isto tem o poder de enobrecer, curar, estimular, surpreender, abrir novas portas, trazer experiência nova e criar excitação na vida. Certamente vale o risco.

Leo Buscaglia

Havia um homem chamado Zaqueu, rico e chefe dos republicanos. Tinha tudo o que precisava e o que desejava um cidadão de sua época. Era diferente dos seus, pois tinha acesso ao governo, trabalhava para ele, cobrava impostos. Tinha conforto, bens, e a maioria deles de maneira nem sempre correta. Zaqueu, como todo cidadão, conhecia ou pelo menos já havia ouvido falar de Jesus, daquele homem que acreditava na vida, no próximo e no amor. Ficou então sabendo que esse homem tão singular, mas que proferia para as multidões, passaria por ali perto e, curioso como todos nós somos, se juntou à multidão para vê-Lo.

Em todos os lugares, quando as pessoas ficavam sabendo que Jesus entraria na cidade, passaria por ali ou dormiria nas proximidades, um número arrebatador de pessoas o aguardava. Algumas esperando pelas soluções de seus problemas, esperando pela cura para suas doenças, um alívio para suas angústias. Assim é o ser humano, faz parte de nossa essência também se abater com algumas dificuldades, mas é função nossa procurar se libertar, procurar o alívio, uma saída para aquilo que não está bem de verdade.

Assim eram as pessoas que aguardavam. Algumas eram pisoteadas, outras conseguiam apenas ver Jesus passar, de longe, mas viam. Grande parte delas era curada somente ao ver Jesus passar. A cura para seus problemas estava na Fé que as habitava.

Fico pensando em como seria olhar e ver Jesus passar. Fico arrepiado e emocionado quando escrevo, falo ou imagino ter essa experiência ímpar, única...

De baixa estatura e no meio daquela multidão, Zaqueu procurou uma forma de ver Jesus. Ele sabia que Jesus iria passar por ali. Correu à frente e subiu num sicômoro, um tipo de figueira com raízes profundas e galhos fortes.

> *E quando Jesus chegou àquele lugar, olhando para cima, viu-o e disse-lhe: Zaqueu, desce depressa, porque hoje me convém pousar em tua casa.*
>
> *Lucas 19:5*

Ele desceu imediatamente e o recebeu com alegria.

> *Ao verem isso, todos murmuravam, dizendo: Entrou para ser hóspede de um homem pecador. Zaqueu, porém, levantando-se, disse ao Senhor: Eis aqui, Senhor, dou aos pobres metade dos meus bens; e se em alguma coisa tenho defraudado alguém, eu lho restituo quadruplicado.*

Disse-lhe Jesus: Hoje veio a salvação a esta casa, porquanto também este é filho de Abraão. Porque o Filho do homem veio buscar e salvar o que se havia perdido.

Lucas 19:5

Ninguém que assistiu àquela cena se conformou. Como um homem Santo poderia hospedar-se na casa de um pecador, de um homem aparentemente corrupto?

As pessoas subjugam, julgam e condenam a todo instante. Jesus, porém, fez diferente. O que significa que, muitas vezes, precisamos fazer diferente. Ao olhar de tantos que acompanhavam Zaqueu, ele já era um alma perdida, mas a missão Daquele homem não era justamente resgatar almas perdidas, almas que não se encontram, almas que já haviam desistido de sonhar?

O diálogo, aparentemente simplista, revela grandes ensinamentos, por muitos ainda despercebidos, mas que destacam o ensinamento moral e o espiritual.

Não era qualquer pessoa que se hospedaria na casa daquele homem: era Jesus. Um homem puro, santo, de uma índole moral inquestionável, de uma educação incomparável. Zaqueu se transformou porque quem dormiria na casa dele merecia uma casa à altura. Assim o fez. Preparou tudo, limpou, arrumou, devolveu o que tinha "roubado", devolveu o que estava escondido. E o mais importante: mudou sua história.

O entrar na casa de Zaqueu não foi o mais importante; entrar em seu coração sim. Jesus conseguiu entrar no coração daquele homem, transformando sua vida.

Nosso corpo é o templo de nossa alma. É nossa casa mais importante, morada de Deus. Ele habita em nós, por isso nossa casa precisa ser cuidada por fora, e precisamos estar sempre com a melhor imagem, com os cabelos bem cuidados, com as roupas bem limpas. Deus o habita – bem cuidado deve ser esse templo. Porém, a limpeza mais importante é aquela não vista pelos olhos, é a beleza que sentimos no abraço, no olhar, no toque carinhoso, nas palavras doces, no carinho espontâneo. Refiro-me à beleza interna, à limpeza da alma.

Jesus não pode visitar um templo repleto de melindres, de maldade, de inveja. Como Ele pode se hospedar em um templo corroído por mágoas? Como Ele pode se aproximar de onde a fofoca e os dizeres da maldade estão constantemente presentes?

Tenho encontrado muita gente reclamando, mas que não se movimentam para NADA. Que não buscam, não se preparam, não realizam. O fato de Zaqueu procurar uma melhor forma de ver Jesus revela predisposição à mudança dos atos. Precisamos mudar. Tenho escrito isso, tenho falado muito sobre isso. É preciso mudar.

O fato de Zaqueu ter subido na árvore nos proporciona uma reflexão interessante. Se ele tivesse ficado atrás da multidão reclamando, xingando todo mundo, empurrando ou até desistido de ver Jesus, sua vida não teria mudado. Como é importante mudarmos o ângulo, como é importante não desistir, como é importante procurar saídas para os problemas enfrentados. Ele procurou uma forma: ele subiu numa árvore. Pequeno como era, talvez não conseguiria atingir seus objetivos.

Zaqueu poderia ter tudo o que um homem da época desejava, mas ele possuía dentro de si o que ninguém via. O que só Jesus conseguiu enxergar. Zaqueu, como muitos, buscou apenas o material. Buscou apenas conforto, bens, prazeres do corpo e se esqueceu de cuidar do espiritual. Quando nos esquecemos de que somos seres espirituais, abrimos campo para a tristeza, para a angústia, para a falta de vontade de realizar. Ninguém via nem sentia isso, porque, como muitos fazem hoje, Zaqueu também mascarava seus problemas, sofria em silêncio.

Não foi somente a curiosidade que o fez subir naquela árvore, foi também a necessidade de mudança. Outro ponto indiscutível é que a mudança de Zaqueu já fazia parte dos objetivos do Mestre, tanto que, ao entrar em Jericó, percebeu facilmente o homem em cima de uma árvore, ansioso por um olhar, ao que Jesus correspondeu.

Jesus corresponde ao nosso olhar, corresponde às nossas necessidades.

Regis Danese escreveu e cantou belissimamente:

> *Como Zaqueu eu quero subir*
> *O mais alto que eu puder*
> *Só pra Te ver, olhar para Ti*
> *E chamar Sua atenção para mim (...)*
> *Entra na minha casa*
> *Entra na minha vida*
> *Mexe com minha estrutura*
> *Sara todas as feridas*
> *Me ensina a ter santidade*
> *Quero amar somente a Ti*

Porque o Senhor é meu bem maior
Faz um milagre em mim

Permita que Jesus faça parte da sua vida. Você pode até frequentar uma religião, frequentar regularmente reuniões, centros espíritas, ir às mais diferentes igrejas, mas só isso não fará uma real diferença na sua vida. Dentro desses templos, todo mundo é perfeito, arrumado, fala baixo, está lúcido, elegante, sóbrio.

É dentro de casa que a gente se confronta com a realidade, se confronta com o pecado. **É dentro de casa que você precisa realmente de Jesus!**

Você nem precisa subir na árvore, Jesus bate à sua porta. Deixe-o entrar, faça uma limpeza, arrume tudo. Prepare para sua chegada – e verá como sua vida se transformará completamente. Está esperando o que para subir correndo na árvore?

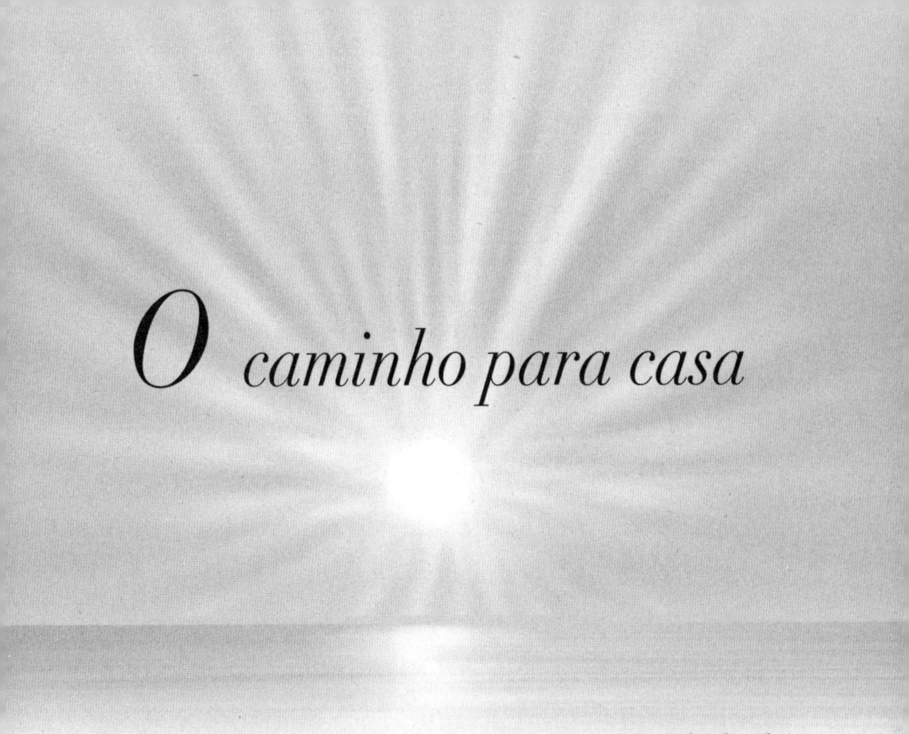

O caminho para casa

A vida não passa de uma oportunidade de encontro; só depois da morte se dá a junção; os corpos apenas têm o abraço, as almas têm o enlace.

Victor Hugo[14]

Morte, palavra com cinco letras. Muita gente vai me criticar por iniciar um capítulo usando essa palavra de cinco letras. Para essas pessoas eu possuo uma resposta pronta: a

14 Eduardo Carvalho Monteiro (2010).

morte é senão a única certeza que temos! Todos, indiscutivelmente, passarão por ela assim como chegaram.

Há muito ela foi tabu, e sinto que hoje é discutida ainda com mais clareza, mas mesmo assim com certo receio, medo. Tem gente que não se permite nem ao menos falar sobre ela. Como podemos ter medo de algo que sabemos com toda certeza que irá acontecer?

Em todas as religiões ela é discutida, em poucas, trabalhada a fundo. O fenômeno morte, para alguns, é tido como assunto fora de pauta, não se fala, não se discute, não se pesquisa, muito menos se estuda esse assunto. Mas não quero falar da morte em si, pois ela acontece o tempo todo – desde que nascemos passamos também a morrer. Quantas células mortas dão espaço para outras vivas, unhas, fios de cabelos, pele que se renova. Tudo se renova. O renovar é preciso. E o renovar acontecerá com toda a certeza, não depende de nós, muito menos temos o poder de impedir.

Chico Xavier[15] nos deixou um texto lindo sobre esse tema: *Se eu morrer antes de você.*

---

15 Disponível em: <http://pensador.uol.com.br/autor/chico_xavier>.

Se eu morrer antes de você, faça-me um favor:

Chore o quanto quiser, mas não brigue comigo.

Se não quiser chorar, não chore;

Se não conseguir chorar, não se preocupe;

Se tiver vontade de rir, ria;

Se alguns amigos contarem algum fato a meu respeito, ouça e acrescente sua versão;

Se me elogiarem demais, corrija o exagero.

Se me criticarem demais, defenda-me;

Se me quiserem fazer um santo, só porque morri, mostre que eu tinha um pouco de santo, mas estava longe de ser o santo que me pintam;

Se me quiserem fazer um demônio, mostre que eu talvez tivesse um pouco de demônio, mas que a vida inteira eu tentei ser bom e amigo...

E se tiver vontade de escrever alguma coisa sobre mim, diga apenas uma frase:

"Foi meu amigo, acreditou em mim e sempre me quis por perto!"

Aí, então, derrame uma lágrima.

Eu não estarei presente para enxugá-la, mas não faz mal.

Outros amigos farão isso no meu lugar.

Gostaria de dizer para você que viva como quem sabe que vai morrer um dia, e que morra como quem soube viver direito.

Amizade só faz sentido se traz o céu para mais perto da gente, e se inaugura aqui mesmo o seu começo. Mas, se eu morrer antes de você, acho que não vou estranhar o céu. Ser seu amigo já é um pedaço dele...

Como sempre, os textos de Chico Xavier, se lidos sem preconceito, a fundo e com o coração aberto, nos transmitem uma reflexão profunda. Uma reflexão de alma.

Victor Hugo foi um lutador das causas sociais, defensor dos oprimidos, divulgador do ensino e da educação. Um genial literato, deixou textos inéditos que, por sua vontade, somente foram publicados após sua morte. Inclusive, utilizo uma de suas frases na abertura deste capítulo e outros dizeres deixo como reflexão ao nosso aprendizado:

> *A morte não é o fim de tudo. Ela não é senão o fim de uma coisa e o começo de outra. Na morte o homem acaba, e a alma começa.*
>
> *Que digam esses que atravessam a hora fúnebre, a última alegria, a primeira do luto. Digam se não é verdade que ainda há ali alguém, e que não acabou tudo?*
>
> *Eu sou uma alma. Bem sinto que o que darei ao túmulo não é o meu eu, o meu ser. O que constitui o meu eu irá além.*

Triste mesmo encontrar pessoas que morrem em vida. O propósito deste livro é resgatar aqueles que deixaram de sonhar, de acreditar, de prosseguir. E, por incrível que pareça, esse número de pessoas é mais assombroso que se tem conhecimento.

A morte do corpo é certa, mas é preciso antes de tudo lutar até o fim.

Justamente o homem que só pregou o amor foi então pregado a uma cruz – aliás, a morte mais terrível da época.

> *(...) Mas esvaziou-se a si mesmo, tomando a forma de servo, fazendo-se semelhante aos homens; e, achado na forma de homem, humilhou-se a si mesmo, sendo obediente até a morte, e morte de cruz.*
>
> *Filipenses 2:7-8*

Nesse exato momento em que Jesus estava sendo crucificado, com toda a dor, com todo o sofrimento, para muitos ao final de sua jornada, ele ainda conseguiu manter uma conversa com o ladrão que estava ao seu lado.

> *Um dos malfeitores crucificados blasfemava contra ele, dizendo: Não és tu o Cristo? Salva-te a ti mesmo e a nós também.*
>
> *Respondendo-lhe, porém, o outro repreendeu-o, dizendo: Nem ao menos temes a Deus estando sob igual sentença? Nós, na verdade, com justiça, porque recebemos o castigo que os nossos atos merecem;*

mas este nenhum mal fez. E acrescentou: Jesus, lembra-te de mim quando vieres no teu reino.

Jesus lhe respondeu: Em verdade te digo que hoje estarás comigo no paraíso

Lucas 23:39-43

Como podemos aprender com isso?

Um homem que estava à beira da morte, e não foi qualquer morte – morte por dor, por cansaço, por sofrimento, morte doída. Dor sentida por horas a fio. Mesmo assim, esse homem não desistiu de sua missão: resgatar corações.

Quando Ele manteve conversa com o ladrão, por ironia do destino conseguiu roubar seu coração. Aquele homem que passou a vida roubando teve seu coração roubado pelo Mestre do Amor. E, antes de partir desse plano, se arrependeu.

Jesus não desistiu, não parou.

Um homem com toda a limitação humana, mas que alimentava dentro de si uma Fé que fazia andar sem alimento, enxergar aqueles que não viam mais saída para nada. Fé que O fez ouvir aqueles que deixaram de escutar que o mundo podia ser melhor do que era. Que O fez sentir, mesmo aqueles mais duros. Que fez os que causavam só a destruição e que espalhavam o mal se arrependerem. Fez andar os que pararam no tempo e fez acreditar aqueles que desistiram sem tentar.

Jesus não teve receio da morte porque Ele sabia que ali não era o fim de tudo, mas, sobretudo, Jesus havia cumprido sua missão sem medo, sem preguiça, sem reclamações. Jesus pôde fechar os olhos do corpo porque os olhos da alma sempre estiveram abertos. A morte não o assustou simplesmente porque não carregava mágoas, melindres, bens materiais. O mais importante não é o que você teve e sim o que você foi. Isso é o que importa! As pessoas se esquecerão de seu relógio, do seu carro, das suas roupas, mas jamais se esquecerão da sua educação, do seu abraço, do seu sorriso, do seu olhar de alma...

Jesus

Eu vou seguir uma luz lá no alto, eu vou ouvir
Uma voz que me chama, eu vou subir
A montanha e ficar bem mais
perto de Deus e rezar
Eu vou gritar para o mundo
me ouvir e acompanhar
Toda minha escalada e ajudar
A mostrar como é o meu grito de amor e de fé
Eu vou pedir que as estrelas
não parem de brilhar
E as crianças não deixem de sorrir
E que os homens jamais
se esqueçam de agradecer.

***A montanha*, Roberto Carlos**

Nunca foi tão necessário resgatar valores humanos, voltar a acreditar em si e no outro e, acima de tudo, propagar o bem. Um homem, porém, foi capaz de mudar o percurso do mundo e se tornou símbolo de esperança, persistência, dignidade, compaixão e amor. Esse homem nasceu numa família pobre e com pais simples. Viveu de perto a fome, a peste, a miséria, a dor e o sofrimento, mas conseguiu mudar a história do mundo numa época em que não existiam meios de comunicação de massa, e mesmo assim as pessoas se aglomeravam para vê-Lo passar. Aos olhos de muitos tinha tudo para dar errado, mas Ele recebeu de seu Pai uma missão que não hesitou em cumprir. Poderia ter desistido, pois sabia tudo o que sofreria; poderia deixar de sonhar, mas Ele tinha um objetivo!

Hoje, mais de dois bilhões de pessoas dizem amá-Lo de alguma maneira e nas mais diferentes religiões. E, apesar das grandes invenções e descobertas, seus ensinamentos resistiram a todas as mudanças culturais, sociais, políticas, artísticas e econômicas que aconteceram ao redor do planeta.

Independentemente de religião, o amor é a representação maior, nunca sai de moda e se inventa e reinventa a cada dia, a cada instante. Cristo foi a maior representação do amor e até hoje seu nome é exemplo do mais sutil e poderoso dos sentimentos. Um ser humano com todas as suas limitações naturais, que através de sua simplicidade resgatou o sonho de milhares de pessoas e conseguiu mudar o mundo.

Foi mestre, educador, comunicador, político, psicólogo... Representou tantos papéis importantes na sociedade, e além disso possuía as maiores qualidades que um ser humano poderia ter. Jesus enxergava vida em tudo, Ele agia, Ele não perdia tempo julgando os outros. Acreditava em si mesmo, não dependia da aprovação dos outros, demonstrava gratidão, expressava seus sentimentos, não se importava em parecer bobo nem louco, era comprometido com sua causa, não desprezava as coisas simples, era audacioso, se importava com as pessoas. Jesus era transparente, fazia as pessoas se sentirem bem, resgatava corações, perdoava, dava o exemplo, amava as pessoas e via nelas a sua maior realização e, principalmente, Ele sabia que não estava só.

Em todas as biografias de Cristo sua meta e sua ambição são nitidamente estampadas. Ele não queria simplesmente reformar, alterar ou melhorar, ele almejava **mudar**! Um homem que nasceu entre os animais, foi criado numa região totalmente desprezada, mas conseguiu, numa época em que os homens não tinham perspectiva de vida, plantar esperança e resgatar o sonho de muitos. Ajudou milhares de pessoas a resgatarem sua essência escondida e acreditarem no amor. Jesus, em nenhum momento, proclamou sua força, mas foi aquele que educou com sensibilidade. Vivia a vida como um verdadeiro espetáculo e fazia com que as pessoas que o cercavam também se apaixonassem por ela e por Ele.

Foi o mestre em educação, em gentilezas, em comunicação e em relacionamento humano e nem por isso humilhava nem menosprezava aqueles que o cercavam. Mantinha a ética e respeitava as leis da época, valorizava o simples e tratava cada pessoa como única. Nunca dizia onde estaria, mas sempre que chegava uma multidão o aguardava. Fazia com que as pessoas se sentissem importantes e sempre melhores dentro de si mesmas, para que depois transformassem o mundo que as cercava. Assim age um semeador do bem.

Através de sua história, Jesus provou que é possível encarar os problemas diários com sabedoria, demonstrou que as perdas, em vez de derrotas, devem funcionar como exemplos de paciência, tolerância e persistência. Ele não desanimou mesmo enfrentando dor e humilhação. Não desistiu porque tinha um objetivo, uma missão, e acreditou, sobretudo, no ser humano. Foi líder de seu próprio mundo e espetacular na capacidade de amar. Foi marco na história e um exemplo para toda a humanidade. Uma verdadeira união de valores e qualidades.

Todas as nossas atitudes de amor, nosso pensamento para o bem e aquilo que praticamos diariamente nos permitem evoluir. Cada ser evoluído torna-se mais feliz, e, tornando-se mais feliz, pode proporcionar felicidade ao outro. É esse o mundo que todos nós buscamos: cada um pode fazer um pouco mais – aliás, todos nós podemos fazer sempre um pouco mais. Ele nos deixou essa missão, mas antes provou que é possível.

A força mais poderosa não é a produzida com químicas ou grandes descobertas humanas, não é a disparada com bombas ou armas de grande proporção. A força a que me refiro é sutil e silenciosa: o amor. Não existe força maior que as palavras e atitudes de amor que penetram e incendeiam a alma humana. E essa foi a única coisa que Ele nos pediu, que amássemos uns aos outros.

Meu objetivo com este livro não era produzir uma biografia de Jesus; muito pelo contrário, existem trabalhos fantásticos sobre a vida desse Homem. Meu objetivo foi proporcionar uma reflexão de como podemos aprender com Esse mestre: com sua vida, suas palavras, sua postura, sua missão. Meu objetivo foi mostrar como a conduta de Jesus pode nos impulsionar a continuar e nos ensinar.

Acredito que a miséria, a inveja, a maldade e tantas outras mazelas estariam quase que extintas se o mundo vivesse ao menos um pouco mais do que propagou Jesus. Ninguém muda o mundo se não mudar a si mesmo.

Não importa o que você faz nem quantos anos tem. Dê sempre uma chance a si mesmo e nunca desista dos outros. Você pode mudar o seu mundo e o mundo em que estamos.

Se Ele mudou o mundo acreditando na paz, na família, no amor, no ser humano em essência, então, acredite! Jesus é um mestre que deixou seus ensinamentos, que encerrou sua aula, partiu da escola e deixou uma lição de casa que precisa ser feita, ser entregue.

Que todas essas palavras sejam espalhadas, percorrendo corações e alimentando almas, simplesmente porque Jesus continua a nos buscar, não pelas ruas da Palestina ou Jerusalém, mas através de seus ensinamentos de amor.

Mude o seu mundo e o mundo em que está. Ele precisa de você!

William Sanches

Contato com o autor
www.williamsanches.com.br

Referências

BOFF, Leonardo. **Espiritualidade – Um caminho de transformação**. Rio de Janeiro: Ed. Sextante, 2001.

BUSCAGLIA, Leo. **Amor.** 26 edição. Rio de Janeiro: Nova Era, 2008.

_______. **Amando uns aos outros.** 15 edição. Rio de Janeiro: Nova Era, 2007.

_______. **Nascidos para amar.** Rio de Janeiro: Nova Era, 2005.

_______. **A história de uma folha.** Rio de Janeiro: Record, 1999.

CADWELL, Taylor. **O grande amigo de Deus.** Rio de Janeiro: Record.

_______. **Médico de homens e de almas.** Rio de Janeiro: Record, 1994.

CALLIGARIS, Rodolfo. **As leis morais.** Rio de Janeiro: Federação Espírita Brasileira, 1989.

_______. **Páginas de espiritismo cristão.** 2.ed. Rio de Janeiro: Federação Espírita Brasileira, 1983.

CHALITA, Gabriel. **Educação: a solução está no afeto.** São Paulo: Editora Gente, 2001.

CURY, Augusto. **O mestre da sensibilidade.** São Paulo.Editora GMT, 2006.

_______. **O mestre da vida.** São Paulo. Editora GMT, 2006.

_______. **O mestre do amor.** São Paulo. Editora GMT, 2006.

DESCARTES, René. **Princípios da filosofia.** Lisboa: Guimarães Editores, 1989.

______. **As paixões da alma**. São Paulo: Nova Cultural, 1996.

______. **Regras para a orientação do espírito**. São Paulo: Martins Fontes, 1999.

______. **Discurso do Método**. São Paulo: Nova Cultural, 1996.

ESPANCA, Florbela. **Livro de mágoas**. Amadora, Portugal: Bertrand, 1978.

FROMM, Erich. **A arte de amar**. São Paulo: Martins Fontes, 2000.

HISTÓRIAS DE NASRUDIN. Rio de Janeiro: Edições Dervish, 1994.

INCONTRI, Dora. **Pedagogia espírita**. Editora Comenius, 2006.

LUCADO, Max. **Seu nome é Jesus**. São Paulo: Mundo Cristão, 2010.

MONTEIRO, Eduardo Carvalho. **A França chora seu maior poeta,** ***do livro*** **Victor Hugo e seus fantasmas,** *Editora Eme. 2010*

PRAAGH, James Van. **Em busca da espiritualidade.** Rio de Janeiro: Sextante, 1999.

SHINYASHIKI, Roberto. **A carícia essencial.** São Paulo: Editora Gente, 1985.

______. **A coragem de confiar.** São Paulo: Editora Gente, 2009.

______. **Problemas? Oba!** São Paulo: Editora Gente, 2011.

WATZLAWICK, Paul. **(In)feliz** – Uma abordagem psicológica. São Paulo: Ed. Pedagógica e Universitária, 2009.

INFORMAÇÕES SOBRE OS PRÓXIMOS LANÇAMENTOS

Para receber informações sobre os lançamentos da INTELÍTERA EDITORA, basta cadastrar-se diretamente no site

www.intelitera.com.br

Para saber mais sobre nossos títulos e autores, bem como enviar seus comentários sobre este livro, visite o nosso site

www.intelitera.com.br

ou mande um e-mail para

atendimento@intelitera.com.br

Este livro foi impresso na
LIS GRÁFICA E EDITORA LTDA.
Rua Felício Antônio Alves, 370 – Bonsucesso
CEP 07175-450 – Guarulhos – SP
Fone: (11) 3382-0777 – Fax: (11) 3382-0778
lisgrafica@lisgrafica.com.br – www.lisgrafica.com.br